어제의 지식은 과감히 버려라

다시 쓰는 경영학

어제의 지식은 과감히 버려라

다시 쓰는 경영학

초판 1쇄 인쇄	2022년 1월 20일
초판 1쇄 발행	2022년 1월 27일

지은이	정인호
펴낸이	최익성
출판총괄	송준기

책임편집	전찬우
편집	윤소연·양지원

마케팅 총괄	임동건
마케팅	이혜연·김미나·이현아·안보라·한우리·브루스·김미란
경영지원	이순미
펴낸곳	파지트
디자인	책은우주다
제작지원	플랜비디자인

출판등록	2021-000049호
주소	경기도 화성시 동탄원천로 354-28
전화	031-8050-0508　팩스 02-2179-8994
이메일	pazit.book@gmail.com 페이스북 @pazitbook

ISBN	ISBN 979-11-976316-4-1 03320

The story_Fills you

다시 쓰는 경영학

Rewrite Business Administration

어제의 지식은
과감히 버려라

정인호 지음

PAZIT

21세기 문맹자는 읽고 쓰지 못하는 사람이 아니라
배우고 잊고 다시 배우지 못하는 사람이다.

— 앨빈 토플러 Alvin Toffler

인류 역사상 코로나19 팬데믹만큼 전 지구적인 위기 상황은 없었다. 팬데믹은 전 세계 기업과 시장의 근간을 뒤흔들며 엄청난 규모의 사회적, 경제적 혼란을 초래했다. 새로운 냉전도 불사하는 미국과 중국으로 인해 국제 관계의 균형이 깨졌고, 다자주의 개념은 도마 위에 올랐다. 30억 명이 넘는 사람들의 발이 묶이는 사상 초유의 사태가 벌어져 글로벌 증시에서는 시가 총액 3경 2,000조 원이 증발했고, 실업 광풍이 몰려왔다. 어떠한 산업과 기업도 코로나19라는 거대한 파도의 영향에서 벗어날 수 없었다. 창업 100년이 넘은 장수 기업들마저 파산하거나 사라질 위기에 봉착할 만큼 절대다수 산업이 불확실한 미래에 직면했다.

이런 가운데 팬데믹을 기회로 삼은 곳들도 있다. 전 세계 사람들이 국가 및 지역별 봉쇄 정책과 사회적 거리두기 같은 전대미문의 현상을 경험했는데, 이는 언택트 비즈니스가 일상 주변에서 전방위적으로 확산하는 계기로 작용했다. 대부분의 소비 활동이 집안에서 이뤄지면서 디지털 콘텐츠, 온라인 쇼핑과 음식 배달, 화상 회의 솔루션 등 언택트 서비스를 제공하는 디지털 플랫폼 기업들이 크게 성장했다.

이러한 외형적 변화뿐만 아니라 코로나19는 우리 사회 내부 곳곳의 약점을 드러냈다. 양극화 심화, 공정성 결여, 리더십의 부재, 성과주의의 한계, 새로운 협력의 도전, 조직 문화 및 근무 환경 개선 등이다. 이 과정에서 사람들은 재창조의 시기가 도래했다고 느끼고 있다. 기존 체계를 유지해 왔던 경영 전략과 가정이 무너지는 것을 직접 경험하면서 다가오는 변화에 맞서 새로운 방식의 대응이 필요하다는 것을 인지하게 된 것이다.

앞서 산업 생태계의 변화에 선제적으로 대응하지 못해 도태된 기업 사례는 수없이 많다. 코닥은 사진이 종이에서 디지털로 옮겨가는 과정에 적응하지 못했고, 노키아는 플립형 휴대폰에서 스마트폰으로 넘어가는 시류를 따라잡지 못했다. AOL은 전화 접속 인터넷에서 브로드밴드로 전환되는 상황에 적응하지 못했다. 블록버스터는 DVD 대여에서 스트리밍 서비스로 바뀌는 변화의 물결에서 살아남지 못했다.

어제의 '최신'은 오늘의 '보편'이 되고 내일이면 '낡은 것'으로 전락한다. 앞장서 달리는 기업일지라도 경쟁력 강화를 위해 지속적인 변화와 혁신을 거듭하지 않으면 생존하기 어려운 시대이다. 문제는 경영의 근본 틀을 바꿔 대처해야 할 환경의 변화가 과거에는 간헐적으로 발생했는데, 코로나19 이후 그 빈도와 강도가 높아졌다는 점이다. 미래학자 앨빈 토플러Alvin Toffler는 우리에게 경고한다. "지구촌은 이제 '강자'와 '약자'가 아니라, '빠른 자'와 '느린 자'로 구분될 것이다. 빠른 자는 승리하고 느린 자는 패배할 것이다." 더욱더 강력하고 과감한 경영 혁신이 강요되는 시대가 도래했음을 의미한다.

구글 전 CEO인 에릭 슈밋은 창업자인 래리 페이지와 함께 구글의 자이트가이스트Zeitgeist 콘퍼런스 무대에서 토론이 끝날 무렵, 구글의 지속적인 성공에 가장 큰 위협이 무엇이냐는 질문을 받았다. 래리 페이지는 간단히 "구글"이라고 답했다. 해당 산업의 압도적인 경쟁력을 가진 기업이라도 스스로 끊임없이 변화와 혁신을 거듭해야 한다는 점을 강조한 것이다. 여기서 말하는 변화와 혁신은 과거의 지식과 경영 전략을 다듬어 일부 개선하는 것이 아니라 완전히 리셋하는 수준이어야 한다. 과거의 지식을 답습하거나 기존 경영 전략의 수명을 연장하는 정도에 머무른다면 이는 마치 몽유병에 걸린 채 정처 없이 길을 걷는 것과 다름없다. 겨우 이 정도 수준으로는 옵션이 될 수 없다. 이것이 지금, 《다시 쓰는 경영학》이 필요한 이유다.

이 책은 기존의 지식과 경험을 버리고 완전한 리셋을 위한 새로운 이정표를 제시한다. 그래야만 코로나19가 바꿔 놓은 경영 환경에 대응할 수 있기 때문이다. 포괄적인 범주이긴 하나 더욱 실용적인 방법론을 담아 독자들이 경영 현장에서 바로 적용할 수 있도록 돕고자 했다. 특히 피상적인 접목보다 가급적 과거의 문제점을 진단하고 보다 과감한 변화와 혁신을 실행할 수 있도록 '경영 전략', '성과주의', '조직 운영', '소비자의 맥락'이라는 네 개의 핵심 키워드를 제시한다. 지금껏 누구도 경험하지 못했던 거대한 변화 앞에서 생존을 놓고 고심하는 이들에게 각각의 주제가 유용한 도구로 활용되길 바라는 마음이다.

첫 번째 주제인 '경영 전략'에서는 하얀 백조에 대응하는 방법을 제시한다. 이로써 기존의 모범적 관행과 지식을 폐기하고 '독단의 잠'에서 깨어나 새로운 사고방식을 기를 수 있다. 또한 기존 비즈니스 모델에 대한 집착과 범용화의 덫에서 벗어나 산업의 경계 밖까지 보는 '밖에서 안으로의 사고'를 할 수 있다.

두 번째 주제인 '성과주의'에서는 전통적 성과주의 방식의 한계를 인식하고 새로운 성과주의의 구체적인 방법론을 접하게 된다. 이를 통해 기업 비전과 개인 목표 간 괴리, 시간 낭비, 복잡다단한 KPI, 실질적 변화의 반영 부족, 의욕 저하, 주관적 지표 설정 등의 문제를 완벽히 해결한다.

세 번째는 '조직 운영'이다. 빠르고 유연한 기업에는 공통적인 특징이 있다. 넷플릭스, 홀푸드마켓, 아틀라시안 등의 성공 사례와 TBWA\Chiat\Day의 실패 사례를 통해 성공하는 변화의 방향성을 배운다. 아울러 3M과 구글의 스승으로 불리는 기업의 조직 운영 방식을 접하고, 창사 이래 60년 넘는 세월 동안 한 번도 적자를 낸 적이 없는 비결을 듣는다.

마지막으로 네 번째는 '소비자의 맥락'이다. 180명의 피사로가 8만 병력을 이끈 잉카 제국을 멸망시킬 수 있었던 이유를 경영에 접목해 본다. 아울러 후발 주자로서 브랜드 경쟁력을 높이는 방법과

∎ MZ세대의 공통 관심사인 긱 경제, 메타버스의 활용 방법에 대해 살펴본다.

"성장은 고통스럽다.

변화도 고통스럽다.

그러나 원치 않는 상황에 갇혀 꼼짝하지 못하는 것보다 고통스러운

일은 없다."

인도의 빌 게이츠로 불리는 인포시스의 공동 창업자 나라야마 무르티^{Narayana Murthy}가 오늘날 변화되는 경영 환경에 대응하는 분들에게 던진 메시지다. 시장의 변화를 읽고 고객의 니즈를 최대한 만족시키기 위해 혁신을 거듭하는 기업이라면 벗어나지 못할 위기란 없다. 혁신으로 향하는 여정에서 이 책을 통해 힘과 지혜 그리고 혜안을 얻길 바란다.

2022년 1월, 정인호

차례

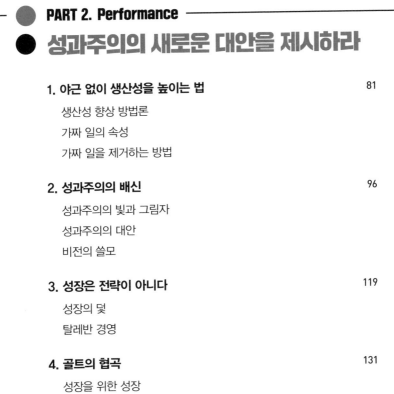

PART 2. Performance

성과주의의 새로운 대안을 제시하라

PART 4. Context

소비자의 욕망에 주목하라

PART 1

Strategy
하얀 백조를 극복하라

"충분히 발달한 기술은 마법과 구분할 수 없다."

아서 클라크 Arthur Clarke

1

경험의 저주

"라떼는 말이야……"

과거의 경험에 근거해 미래를 예측하고 대비하는 것이야말로 이성을 가진 인간에게 기대되는 최고의 행동 양식이다. 자신에게 일어난 일들 가운데 주체적이고 능동적으로 의미를 부여할 수 있는 일들, 그로 인해서 나와 타인의 삶에 영향을 미치는 일들을 경험이라 정의한다. 명인의 안정된 손놀림, 존경받는 명예 교수가 축적한 넓고 깊은 지식, 수십 년간의 고통스러운 수행 끝에 얻은 깨달음을 대중에게 나눠주는 구루Guru[1]의 지혜가 그러하다. 우리는 이러한 사람들을 존경하고 삶의 이상형으로 여긴다. 그도 그럴 것이 경험이 많을수록 활용할 수 있는 자원의 폭이 넓어지고, 새로운 문제에 대한 높은 이해도를 바탕으로 직관력을 발휘할 수 있기 때문이다. 영국의 비평가 겸 역사가인 토머스 칼라일Thomas Carlyle은 "경험은 최고의 교사"라고도 했다. 그런데 세상이 빠르게 변해가는 다음과 같은 상황에도 경험이 최고의 행동 양식과 교사라고 할 수 있을까?

- 5,000년 인류사에 축적된 데이터가 단 하루 만에 생산된다.
- 새로운 생물학적 데이터는 약 5개월마다 네 배로 늘어난다.
- 세계 방송사가 지난 60년 동안 제작한 프로그램 수보다 더 많은 동영상이 단 3개월 만에 유튜브에 업로드된다.

우리가 과거로부터 배운 상당수의 지식과 경험이 이제는 더 이상 통하지 않고, 최악의 경우에는 치명적인 파국을 낳기도 한다. 세계 대전 발발이 그러했다. 나폴레옹 시대의 갈등이 끝난 뒤 세계는 한동안 평화기를 누렸으며, 반세기 역사를 경험한 사람들은 심각한 파괴를 불러올 갈등이 사라졌다고 믿었다. 그러나 전쟁은 다시 터졌다. 그리고 그 전쟁은 인류가 겪은 최악의 갈등으로 역사에 불명예를 남겼다.

급변하거나 불안정한 환경에서는 경험이 진전을 저해할 수 있다. 사건이 발생하고 나면 사람들은 자신을 깜짝 놀라게 만든 돌발 사건이 발생한 것과 똑같은 방식으로 또 다른 돌발 사건이 발생할 가능성을 예견하기 때문이다. 즉, 경험을 일반화시켜 다른 방식으로 사건이 일어날 가능성을 보지 못하게 만든다. 이럴 때 경험은 '지혜'가 아닌 '저주'가 되어 낡은 행동 방식과 지식 안에 우리를 가둔다.

그럼에도 불구하고 과거의 경험을 맹종하는 사람이 있다면 타이태
닉호의 스미스 선장이 1907년 한 말을 눈여겨봐야 할 것이다.

> "나는 이전까지 한 번도 사고라 할 만한 것을…… 본 적이 없다. 바다
> 위를 표류하는 배라고는 단 한 척도 본 적이 없다. 다른 배의 조난을
> 목격한 일도 없을뿐더러, 내가 재난의 주인공이 되는 사고를 겪은 적
> 도 없었다."

1912년 타이태닉호의 탑승 인원은 2,224명, 사망자는 1,514명이
었다. 탑승 인원 중 68퍼센트에 해당하는 사람들이 경험의 저주에
의해 생명을 잃었다. 천재 물리학자인 스티븐 호킹Stephen William Hawking은
스미스 선장에게 이렇게 경고한다. "앎의 가장 큰 적은 무지가 아니
라 안다는 착각이다."

경험은 늘 소중한 자산인가?

《1만 시간의 재발견》 저자이자 세계적인 심리학자인 안데르스
에릭슨Anders Ericsson 박사의 연구에 따르면 특정 분야에서 1만 시간,
즉 대략 10년간 유효한 경험을 쌓으면 달인의 경지에 오를 수 있다
고 했다. 물론 그의 주장에 대해 '모든 분야가 1만 시간의 법칙에
적용될까?'라는 합리적 의심을 해볼 수 있을 것이다. 에릭슨의 연

구 대상을 살펴보면 주로 음악, 운동, 의학과 같은 분야에 초점이 맞춰져 있다. 즉 육체적, 기술적 기교를 반복적으로 달성해야 하는 바이올린 연주자, 외과 의사, 운동선수를 대상으로 한 연구 결과였기에 일반적인 경영 및 지식 산업 분야에서도 유효한 결과를 가져올 수 있을지 의문이 남는다.

와이즈먼그룹의 리즈 와이즈먼Liz Wiseman 회장은 "급변하는 시기엔 경험과 기존 지식이 오히려 저주가 된다."며 "새로운 것을 얻기 위해서는 우선 가진 것을 버려야 한다."고 강조했다. 바둑의 고수는 예닐곱 수 앞을 내다 보지만 초보자는 다음 한두 수에 집중한다. 지금과 같이 미래를 전혀 예측할 수 없는 초경쟁 업무 환경에서 경험과 기존 지식은 적용되지 않는다. 잘 짜여진 계획은 수시로 변화되는 환경 앞에 맥없이 쓰러지고 만다. 오늘날 대다수의 육체적 정확성을 요구하는 직업들은 인공 지능, 기계화되어 인간이 차지하는 부분이 거의 없다. 이럴진대 육체적, 기술적 기교를 달성해야 하는 데 필요한 경험이 경영 및 지식 산업 분야에도 꼭 필요하다는 것은 사람을 더 이상 존재하지 않는 세상에 살도록 맞추는 것과 같다.

미국 인쇄 기업 제록스는 서비스 콜센터 직원을 대상으로 인성 및 인지 능력 검사를 실시한 후 고객 서비스 직원이 과거에 쌓은 경험은 생산성이나 고객 유지에 영향을 미치지 않는 것을 확인했다.[2] 심지어 CEO조차 이전에 경험이 있는 CEO가 경험이 없는 CEO보다 낮은 실적을 냈다는 연구 보고까지 있다.[3] 필자의 경우 가방끈 길게 박사 학위까지 취득했지만, 현재 고객에게 서비스하고 있는 교육과 컨설팅 그 어느 분야에도 학교에서 배운 내용을 적용한 사례가 없다. 사회는 극단 값과 예외를 무시하기 힘든 상황으로 변해 간다. '백조는 하얗다'는 명제를 버려야 한다. 이제 과감히 늘 해왔던 경험, 습관적 명제는 버리자.

하얀 백조를 극복하는 방법

그렇다면 급변하는 환경에 제대로 대응하려면 어떻게 해야 할까? 전 헤비급 권투 챔피언인 마이크 타이슨이 한 말에 정답이 있다.

"누구나 한 방 얻어맞기 전에는 다들 그럴듯한 전략을 가지고 있다. 세상이 빠르게 변할 때는 루키의 마인드를 가진 사람을 링에 올려야 한다."

루키Rookie는 신입사원, 신입생, 신참 등을 의미한다. 혹 '아니 CEO이자 전문가인 나보고 루키의 마인드를 배우라고?' 하며 발끈했다면 당신은 다시 링 위에 올라가서 제대로 얻어맞아 봐야 한다. 아슬아슬하게 성장 괘도에 있지만 곧 전략의 한계를 느낄 것이다.

루키의 첫 번째 특징은 경험 부족이다. 우리가 흔히 핸디캡으로 생각하는 경험 부족이 이젠 장점이 될 수 있다. 특히 지금처럼 빠른 속도로 변하는 비즈니스 환경에서는 더욱 그렇다. 오늘날 많은 리더는 똑같은 문제를 두 번 마주하는 일이 없다. 이런 환경 속에서 결정적으로 중요한 것은 당신 자신이 무엇을 아느냐가 아니라 신속하게 배우고, 나아가 다른 사람이 아는 것을 얼마나 잘 활용하느냐이다.

평생을 길 위에서 일하며 사색한 미국의 사회 철학자 에릭 호퍼 Eric Hoffer가 쓴《인간의 조건》에도 루키의 학습 마인드를 강조한 말이 나온다.

"모르면 대담해진다. 이미 알려진 것인데도 이를 아직 발견하지 못한 자는 미지의 것에 대처할 준비가 특히 잘돼 있는 사람이다. 배우지 못한 자는 배운 자가 차마 두려워 디디지 못하는 곳에 종종 돌진해 들어가고, 맹신자는 불가능한 일에 주저 없이 도전한다. 자기들이 어디로 가는지도 모른 채 우연에 몸을 맡긴다. 과거에도 종종 현자들이 자기 눈 앞에 펼쳐지는 커다란 변화를 알아채지 못했다. 19세기 초반, 산업혁명이 진행되고 있다는 사실을 알아챈 지식인들이 과연 얼마나 되었을까? 미 대륙의 발견에 지식인들은 꿈쩍도 하지 않았지만 루키의 마음은 활활 타올랐다."

젊은 루키처럼 경험 부족의 상태로 만들기 위해서는 먼저 모범 관행과 지식을 폐기해야 한다. 선행 연구나 나의 경우를 되돌아 봐도, 개인과 조직의 변화 과정에서 가장 어려운 부분이 '폐기 학습'이다. 모범 관행과 지식을 폐기해야 새로운 지식을 채울 수 있다. '경영의 예언자'라 불리며 시대를 앞서는 경영학 분야의 세계적인 석학인 C. K. 프라할라드^C.K. Prahalad 교수는 매 학기 이전의 강의 노트를 버렸다. 미시간대학교 로스 경영대학원 학생들이 그의 신선한 생각을 접하기 위해 복도에 줄을 서는 것은 당연한 결과다.

얼마 전 나는 모 공기관의 면접 채용관으로 참석했다. 사업부장을 채용하는 면접에서 한 지원자의 서류를 보니 이직 경력이 화려했다. 그런데 면접자는 독서 및 외부 교육과 같은 학습 이력이 전무했다. 결과는 어떻게 되었을까? 대개 이런 사람은 한 가지 직무만 할 줄 안다. 또한 학습과 같은 '과정의 성장'보다는 승진, 보직과 같은 '외형적 성장'에 관심이 많다. 나는 그에게 왜 학습 이력이 없는지 물었다. 그의 대답은 이랬다. "업무가 바빠서 해당 업무를 처리한다고 공부할 시간이 없었다." 경력을 보지 말고 학습 민첩성을 보고 채용해야 한다. 구글의 인사 책임자에게 경력은 가장 덜 중요한 채용 기준이다. 채용 기준의 상단을 차지하는 것은 ①학습 능력, ②일을 이끌고 따르는 리더십, ③지적 겸손이다.

여행에서 중요한 것은 원하는 장소에 도착하는 것이 아니라 그야말로 잘 여행하는 것이다. 루키는 경험의 결과가 아닌 경험하는 '과정'에 기쁨이 있음을 안다. 즉, 정상에 서는 것이 아니라 학습 곡선을 오르는 데 진정한 즐거움이 있음을 안다. 길이 막히는 경우는 어떨까? 2005년에 은퇴하고, 54세의 나이에도 불구하고 복귀전을 선언한 마이크 타이슨처럼, 그저 한 걸음 내려가 아마추어들과 경기를 하면 되는 것이다.

루키의 두 번째 특징은 아이의 눈으로 세상을 본다. 일반적으로 경험이 쌓이면 확신과 신뢰, 지식을 얻는다. 이것은 일정한 패턴으로 작용되어 이전의 경험과 비슷한 상황이 나타나도 새로운 가능성을 보는 것을 멈춰버리거나 외면해버린다. 왜 그런지 차이를 느끼지 않고, 질문하지 않고 그냥 관성적으로 처리해 버린다.

우리는 종종 아이들에게 미래에 무엇이 되고 싶은지 묻는다. 아이들은 박지성 같은 축구 선수, 아이언맨 같은 우주 비행사, 드론 공학자, 교사, 미디어 화가, 음악가, 자동차 경주 선수, 영국의 공주 등 끊임없이 읊는다. 그러나 경험이 쌓인 전문가에게 물어보면 침묵이 흐른다. 물론 경험을 쌓는 중에 두려움도 함께 경험한 것을 배제할 순 없다. 하지만 젊은 루키는 다르다. 그들은 마음과 정신이 영원한 어린아이가 되고 싶어 한다. 그리고 그 바람을 이루려고 의식적으로 매일 노력한다. 40권의 방대한 저서를 남기며 현대 경영의 창시자로 알려진 피터 드러커Peter Ferdinand Drucker가 대표적이다. 그는 세상에 충족되지 않는 호기심과 변화된 세상을 만들려는 루키의 마인드를 토대로 삼았다. 덕분에 대다수 사람들이 펜을 놓은 지 한참이 지나도록 창작을 계속할 수 있었다. 300년간 지속되어 온 뉴턴의 패러다임을 종식하고, 20세기 현대 과학의 새로운 패러다임을 연 아인슈타인에게도 젊은 루키의 마인드가 있었다. 우리는 각종 포스터, 티셔츠, 심지어 머그컵에 이르기까지 우스꽝스러운 모습을 하고 있는 아인슈타인의 모습을 쉽게 발견할 수 있다. 심지어 나치 치하에서 고등 교육을 받으며 단체 사진을 찍을 때 유일하게 웃고 있는 인물이 아인슈타인이었다. 그는 전통적인 사고방식에 묻고 또 물으며 보헤미안처럼 자유롭게 사색했다. 그의 삶에 완고함과 교만함은 찾아볼 수 없다. 마치 어린아이처럼 계속 경탄하며 호기심과 겸손함을 잃지 않고 재미를 추구할 뿐이다.

독일 관념 철학의 기반을 확립한 철학자 임마누엘 칸트는 영국의 경험주의 철학자 데이비드 흄의 저서를 읽고 '독단의 잠dogmatic slumbers'이라는 말을 자주 사용했다. 독단의 잠에서 깨면 기존의 관념과 확신을 허물려고 부단히 노력하며 심지어 자기 계파와도 경쟁한다. 우리나라에서는 그다지 인기가 많지 않았지만 독일 관념론의 대가인 아르투어 쇼펜하우어Arthur Schopenhauer도 "데이비드 흄의 책 한 장이 헤겔이나 슐라이어마허의 책을 다 합쳐 놓은 것보다 훨씬 배울 것이 많다."고 말했다. 아인슈타인도 특수 상대성 이론을 구상할 때 데이비드 흄의 영향을 많이 받았다.

그럼, 독단의 잠에서 깨어나려면 어떻게 해야 할까? 무엇보다 자신이 독단의 잠에 취해 있음을 인지하는 것이 우선이다. 아인슈타인이 말한 "나이가 아무리 많아져도 늙지 마라(Do not grow old, no matter how long you live)."의 함의를 되새기며 다음의 열 가지 신호를 눈여겨보자.

- 일주일간 아무 걱정 없이 숙면을 취했다.
- 1년 뒤에도 같은 일을 계속 할 거로 생각하며 긴장이 없다.
- 고민하지 않아도 성공한다.
- 몸은 바쁜데 일상이 지루하다.
- 부정적 피드백보다는 긍정적인 피드백을 많이 듣는다.
- 나의 주장이 강해지고 설득력이 생긴다.
- 회의 전 특별한 준비를 하지 않아도 된다.
- 미래에 대한 명확한 확신이 생긴다.
- 매일 새로운 것을 배우는 일을 멈추었다.
- 내 주장 외에 특별히 새로울 것은 없다고 생각한다.

| 독단의 잠에 취해 있음을 말해 주는 열 가지 신호 |

마지막으로 당신이 루키의 마인드를 함양할 수 없다면 직접 루키와 시간을 함께 보내라. 그들이 어떻게 일하고 노는지 지켜보라. 구글은 기존 직원이 해결하지 못하는 문제에 대해 신선한 아이디어를 얻고 발전시키는 데 입사 6개월 이내의 젊은 루키를 활용한다. 테슬라의 CEO인 일론 머스크는 루키와 난상 토론을 즐긴다. 루키가 생각하는 회사의 방향성 및 방법을 실제 경영 전략에 반영한다. 미국 자동차 회사인 크라이슬러Chrysler의 회장 겸 CEO인 세르지오 마르치오네Sergio Marchionne는 51세에 망해가는 회사를 되살리기 위해 다수의 고위 관리직을 없애고 자신에게 직접 보고할 루키 26명을 뽑아 그들을 현장 가까이 머물게 해 회사 전체에 활력을 불어넣었다.[4] 사실 젊은 루키가 한국에 근무했다면 단순한 업무만 반복적

으로 수행하며 수동적인 태도로 시간을 보냈을 것이다. 또 대부분의 업무 시간을 복사하거나 커피를 나르는 데 썼을 것이다.

글로벌 CEO들이 루키와 함께하는 이유는 그들은 정해진 패턴 없이 매사에 불규칙적으로 활동하기 때문이다. 어느 연구 결과를 보면, 루키들이 베테랑이나 전문가보다 남에게 도움을 청할 가능성이 네 배 높고, 전문가들에게 손을 뻗을 가능성이 40퍼센트 높다. 외부에 도움을 더 많이 청할 뿐만 아니라, 훨씬 더 많은 사람과 접촉한다. 그리하여 루키는 능숙한 사람을 혼란스럽게 만들고 경쟁자들이 따라잡기 힘들 만큼 앞서가기도 한다. 무엇보다 명성이 없는 루키들은 지켜야 할 자존심이나 추락에 대한 공포가 없다. 이런 특성을 반영하여 고객 관계 관리 솔루션을 제공하는 미국 세일즈포스닷컴 Salesforce.com은 좀 더 공격적으로 루키를 경영에 참여시킨다. 루키는 이사로, 관리자는 사원으로 서로 직책을 바꿔 업무를 한다. 관리자는 사원이 되어 다양한 서류 업무와 상사에게 지시받은 업무를 처리하며 일의 우선순위와 개선 사항을 체크한다. 반면 루키는 이사가 되어 간부들과 회의를 주재하고 조직의 성과를 효율적으로 향상할 수 있는 방식을 제안한다. 그 결과 루키의 엉뚱한 생각이 창조로 이어지고, 간부들은 자신이 판사가 아니라 문제를 해결하도록 도와주는 코치라는 인식을 갖게 됐다.

급변하는 시대에 살고 있는 리더는 미래의 일에 대해 젊은 루키에게 묻거나 그들의 사고방식을 배워야 한다.《탈무드》에 나온 것처럼, 신전이 파괴된 후 현자는 예언의 능력을 빼앗기고 어린아이들과 어리석은 자가 그 능력을 얻는다는 얘기는 곤란한 시대의 혼란과 당혹감을 반영한다. 코로나19와 같은 팬데믹 상황에서는 앞으로 일어날 사건을 파악하는 데 이전의 경험과 지식이 오히려 걸림돌이 된다는 사실을 잊지 말자.

Point

과거로부터 배운 지식과 경험이 이제는 더 이상 통하지 않는 시대다. 젊은 루키처럼 모범 관행과 이전의 지식을 폐기하고 '독단의 잠'에서 깨어나 그들의 사고방식을 경영에 반영하라.

2

완벽함의 역설

"I'm just getting my ducks in a row."

위의 문장이 무엇을 뜻하는 걸까? 아기 오리들이 엄마 오리 뒤에서 한 줄로 열을 맞춰 뒤뚱뒤뚱 걸어가는 모습을 본 적이 있을 거다. 아름답도록 대칭적이고 완벽한 줄은 질서 정연한 모습, 통일된 각을 연상케 한다. 위 문장은 여기서 유래된 영어 표현으로 직역하면 '내 오리들을 줄 세워 놓았다'인데 의역하면 '만반의 준비를 끝내다'라는 맥락에서 '완벽함'을 뜻한다.

완벽함은 정말 좋은 것이다. 아마도 완벽함을 원하지 않는 사람은 없을 것이다. 완벽함을 지향하는 사람들은 자신에게 높은 기준을 부여하고, 끈기도 있어 시간이 지날수록 실수가 줄고 업무 스킬이 향상된다. 그야말로 군계일학群鷄一鶴이 되어 돋보이는 존재가 될 수 있다. 오늘날 개성이 뚜렷하고, 무언가에 광적으로 몰두하면서 완벽하게 해내야만 살아남는 사고방식과 성과주의 문화가 완벽함을 추구하는 문화로 점점 더 확산하고 있다.

그런데 코로나19 이후 이런 식의 완벽함은 이제 그만 찾아야 한다는 주장이 다시금 주목받고 있다. 영국의 의학 교육자인 피터 메러 래섬Peter Mere Latham은 "완벽한 계획을 세우는 것은 쇠퇴의 징조"라고 했고, 완벽주의자인 스티브 잡스 역시 "우리의 미래를 알 수 없기에 앞날을 내다보며 점을 연결할 수가 없다."라고 팬데믹 이전부터 강조해왔다.

코로나19 발생 이전까지만 해도 공유 경제가 세상을 모두 삼킬 듯했다. 하지만 코로나19가 전 세계적으로 확산되면서 공유 기업들이 대거 몰락했다. 대표 숙박 공유 업체인 에어비앤비는 숙박 수요가 뚝 떨어지면서 2020년 매출이 2019년 대비 절반 이하가 되었고, 전 세계 7,500명 직원 가운데 1,900명을 해고했다. 승차 공유 서비스 기업인 우버 역시 2020년 1분기에만 전년 대비 순손실이 170퍼센트 증가해 3조 5,000억 원을 기록했고 주가도 폭락했다. 물론 많은 스타트업들이 수년간의 적자를 통해 새로운 비즈니스 모델을 만들어 성공해 온 것은 사실이지만, 예측 불가능한 코로나19가 발생하면서 이들의 성장세를 꺾은 것 또한 명백한 사실이다. 안타깝게도 에어비앤비와 우버는 짧게는 주 단위로 서비스를 수정·보완하며 완벽함을 기했음에도 불구하고 일어난 결과였다.

코로나19는 공유 기업뿐만 아니라 공룡 기업까지 쓰러뜨렸다.

1902년에 창업하여 118년의 업력을 가진 미국 백화점 JC페니^{JCPenney}가 파산 보호 신청을 했다. 경영학의 대표적 모범 사례로 자주 등장했던 노드스트롬^{Nordstrom} 역시 119년의 역사를 뒤로하고 파산 보호를 신청했다. 또 시어스^{Sears}, 메이시스^{Macy's} 백화점도 일부 지점을 폐쇄하고 직원을 감축했다. 이 밖에도 아놀드파마, 더반, 아쿠아스큐텀, 타임리스 등으로 유명한 일본의 패션 대기업 레나운^{Renown}이, 세계에서 두 번째로 오래된 콜롬비아 국적의 아비앙카^{Avianca} 항공이, 미국의 셰일 대기업인 화이팅석유^{Whiting Petroleum}가 파산을 신청했다. 경영 시스템과 절차, 경영 계획 등이 완벽한 수많은 글로벌 기업들이 불과 몇 개월 만에 일장춘몽으로 끝을 맺었다. 코로나19 사태 관련 국내외 기업 인식 및 현황 조사에서 코로나19로 피해 입은 기업들은 2008년 글로벌 금융 위기 때보다 경제적 충격을 약 30퍼센트 더 크게 체감한 것으로 나타났다. 더 큰 문제는 경영 여건이 코로나19 이전으로 회복하기까지 얼마나 걸릴지 가늠하기 어렵다는 사실이다.

일류 기업은 최고로 완벽한 제품이나 서비스를 제공한다. 흔히 말하는 '믿을 수 있는', '믿고 맡기는', '글로벌 스탠다드' 등 이런 완벽을 형용하는 장본인이기도 하다. 그런데 초일류 기업이라 불리며 세계를 주름잡던 기업이 한순간에 몰락하게 된 이유는 무엇일까? 다음의 세 가지 변화의 특성에 주목해 보자.

첫 번째는 예측 불가능성^{unpredictability}이다. "올해는 과학계에 당장 혁명을 일으킬 수 있는 눈에 띄는 놀라운 발견이 없었습니다." 이 주장은 과거 영국의 동물학자 학회 회장이자 외과의, 작가였던 토마스 벨Thomas Bell이 했던 말이다. 아이러니하게도 벨이 이런 주장을 했던 1858년은 찰스 다윈Charles Robert Darwin과 알프레트 러셀 월리스Alfred Russel Wallace가 자연선택설을 각각 동시에 제기한 해였다. 다음 해인 1859년 찰스 다윈의 《종의 기원》이 출판된 이후 유럽은 격론에 휘말렸다. 2007년 애플이 최초로 아이폰을 출시하기 직전까지 많은 기술 전문가들은 "애플이 스마트폰을 절대로 만들어 내놓지 않을 거다."라고 호언장담했다. 아이폰이 막상 나왔을 당시에도 마이크로소프트의 괴짜 CEO였던 스티브 발머Steven Anthony Ballmer는 "아이폰이 상당한 시장 점유율을 차지할 가능성은 절대 없다."고 강조했다. 14년이 지난 2021년, 전 세계 인구 중 약 35억 명이 스마트폰을 소유하고 있고, 애플의 아이폰은 10억 명의 사용자를 보유해 약 29퍼센트의 시장 점유율을 차지하고 있다.

2008년의 금융 위기는 미국 부동산 버블 붕괴와 이에 따른 모기지론의 부실화, 그리고 모기지론의 증권화가 복합적으로 결합해 발생했다. 서브프라임 모기지론 문제의 심각성이 명백히 드러난 것은 2007년 여름이었는데 그 직전에 국제통화기금IMF이 제출한 예측 보고서의 내용은 다음과 같다.

"얼마 전 금융 시장에 일시적인 혼란이 발생했지만 세계 경제는 2007년과 2008년에도 높은 성장세를 유지할 것으로 보인다. 미국 경기는 이전에 예측한 것보다 둔화하고 있지만 다른 국가에 대한 파급 효과는 한정적이어서 세계 경제는 지속적으로 성장할 것으로 보인다."[5]

전 분야에 걸쳐 오랜 경험을 가진 전문가나 기관들이 낙관적인 미래를 예측했지만, 이는 끔찍할 정도로 빗나갔다. 토마스 벨, 스티브 발머, IMF 등의 경우처럼 혁명적인 변화가 일어났지만 중요한 국면의 예측을 빗나간 사례들은 차고 넘친다. 2020년 전 세계를 강타한 코로나19 역시 내로라하는 질병 관리 전문가 그 누구도 예측하지 못했다. 부처님과 하느님, 심지어 점쟁이도 예측하지 못했다. 그도 그럴 것이 각 시대마다 쏟아져 나오는 수많은 미래 예측들은 예측에 사용된 당대 유행 기술 종류에 차이를 보일 뿐, 실상 눈부신 기술 진보가 일어날 것이라는 낙관적인 기대 위에, 자신들의 우려와 바람이 섞인 추측들에 지나지 않는다.

두 번째 변화의 특성은 단시적short-time이다. S&P 500 포함 기업의 평균 수명을 살펴보면 1960년대는 75년, 2000년에는 25년, 2020년에는 19년으로 확연히 줄어들었다. 이런 와중에 4차 산업혁명과 코로나19가 트리거trigger 역할을 하면서 기업의 생존 경쟁력은 완전히 상실했다. 경영의 속성 또한 짧은 시간, 빠른 속도에 기대치가 맞추어져 있다. 아무런 절차 없이 고르기만 하면 결제되고, 몇 번의 터치와 동시에 당일 배송이 시작된다. 쇼핑이나 물류만의 얘기가 아니다. 혁신의 속도는 점점 빨라지고, 제품의 수명 주기는 짧아졌다. 기하급수적으로 늘어나는 정보에 유행의 변화는 더 빨라졌고, 인간의 소비욕은 더 다양해졌다.

Economy of Size ⇒ Economy of Scope ⇒ Sharing Economy ⇒ Economy of Speed
규모의 경제　　　　　범위의 경제　　　　　공유의 경제　　　　　속도의 경제

| 경제 구조의 변화 |

　속도에 대한 갈망이 극적으로 증대될수록 인간의 참을성도 줄어든다. 32퍼센트의 미국인들이 '줄 서서 기다리는 시간이 5분을 넘어가면 인내심을 잃어버린다.'라고 말할 정도로 참을성이 없어졌다. 얼핏 생각하면 이러한 모습은 성숙하지 못하고 경박한 것으로 보일 수도 있지만 이러한 인내심 부족은 상당히 합리적인 그 무엇인가에 뿌리를 두고 있을지도 모른다. 5분을 대기한다는 것은 우리가 가장 가치 있게 여기는 시간을 5분이나 포기한다는 것을 의미한다. 외부적인 힘에 의해 속도를 늦추도록 강요받는다는 것은, 그 시간에 무언가 성취했을 수도 있는 기회비용을 탈취당하고 있는 것이나 다름없다. 이런 변화는 짧은 시간, 빠른 속도에 기대치와 눈높이가 맞추어진다. 결국 오늘날 시장은 '시장 점유율Market share'에서 '시간 점유율Time share'의 싸움이 돼 버렸다.

　마지막 변화의 특성은 근시적near-sight이다. 계획이란 무엇인가? 미래를 예측하고 미래에 달성할 목표를 세워 그 목표를 이루기 위해 향후 취해야 할 행동 지침이다. 계획을 세우기 위해서는 계획의 기본 전제로 미래에 대한 예측이 선행되어야 한다. 그런데 이미 변화의 특성 첫 번째에서 예측은 불가능하다고 강조했다. 1990년 미국에서 약 3,000개의 신규 기업들을 대상으로 연구를 진행한 결과, 경

영 계획에 많은 시간을 들인 기업들과 아무 계획 없이 사업에 뛰어든 기업들 사이에 첫 3년 동안 살아남은 비율은 거의 차이가 없었다. 넷플릭스는 1년 단위 경영 계획을 수립하지 않는다. 물론 넷플릭스 역시 과거에는 연간 경영 계획을 수립했다. 하지만 목표 시점이 되면 항상 다른 결과를 낳았고, 무엇보다 경영 계획을 수립하는게 많은 시간이 낭비되는 행위임을 깨달았다. 이에 넷플릭스는 연간 경영 계획 수립을 폐지하고 분기별로 그때그때 민첩하게 반응할 수있는 제도로 전환했다. 최근 미국의 시가 총액 상위 500개 기업에 대한 연구에 따르면, 대상 기업 가운데 4.8퍼센트만이 연간 경영 계획을 수립하고 경영 성과를 정기적으로 비교·분석하는 것으로 나타났다. 이에 세계적인 경영 사상가인 헨리 민츠버그^{Henry Mintzberg} 교수는 경영 계획 수립의 문제점으로 결과보다는 과정에만 매달리고, 예측이 부정확하며, 분석 위주의 국수적 사고로 직관과 창조력이 결핍된다는 점을 강조했다.

완벽함은 진보의 적이다

세계적으로 손꼽히는 경영 전략가 게리 하멜^{Gary Hamel}은 이런 말을했다. "당신은 시행착오 없는 회사를 만들 수도 있고, 적응력이 뛰어난 회사를 만들 수도 있다. 하지만 두 가지를 동시에 할 수는 없다. 이런 의미에서 완벽함은 발전의 최대 적이다."《당신을 성공으로 이

끄는 1% 리더십》의 저자 데이비드 도트리치David Dotlich 역시 "완벽주의는 경영자들이 큰 그림을 보지 못하고 세세한 일에만 신경을 쓰게 하는 함정에 빠트릴 수 있다."면서 완벽주의를 경계해야 한다고 지적한 바 있다.

서두에 기술한 "I'm just getting my ducks in a row."의 또 다른 어원은 '사냥꾼이 한 발의 총알로 여러 마리의 오리를 잡기 위해서 오리를 일렬로 세워두고 사격한다'이다. 이 말이 현실에서 가능할까? 예측 불가능성, 단기적, 근시적인 오늘날 경영 환경에서 만반의 준비를 끝내는 완벽함은 실현 불가능하다. 전문가의 경고와 경영 환경의 변화에도 불구하고 그릇된 완벽주의는 어떤 특징을 보이는지 구체적으로 살펴보자.

완벽주의자는 스스로 자신이 가야 할 길을 개척한다. 그런데 원하는 곳에 도착하는 방법은 단 한 가지밖에 없다. 그 길은 직선으로 뻗어 있으며 요지부동이다. 미래는 손바닥에 올려놓고 들여다볼 수 있어야 하고, 변화는 적으로 간주한다. 특히 가장 중요하게 생각하는 일에 대해서는 모든 변수를 확실하게 대비하고 통제한다. 확실한 대비와 통제는 실패에 대한 두려움과 밀접하게 연관되어 있다. 그래서 그들은 작은 실수나 실패도 용납하지 않는다. 이렇다 보니 이들은 실패하지 않기 위한 행동에 초점을 두는 경향이 강하게 나타난다. 물론 실패하는 것을 좋아할 사람은 없겠지만, 완벽주의자들의 실패에 대한 혐오는 일반적인 사람들에 비해 그 증상이 훨씬 심각하다. 따라서 완벽주의자들의 실패 혐오증은 급변하는 4차 산업혁명 시대에 혁신과 도전을 가로막는 커다란 장애물이 될 수 있다. 특히 이들은 코로나19 이후 새로운 시도가 절실하게 요구되는 상황에서도 완벽하게 성공할 것이라는 확신을 하지 못하면 시작조차 하지 않는다. 자신이 실패했을 경우, 주변 사람들이 자신을 무능하게 바라보지 않을까 하는 두려움을 갖기 때문이다.

빌 클린턴 전 미국 대통령이 집권하던 1993년, 대통령 부부와 관련된 '화이트워터 게이트Whitewater Gate'가 터져 나왔다. 스캔들의 전말은 이렇다. 1970년대 말, 당시 아칸소주州의 검찰 총장을 역임하던 클린턴이 부인 힐러리와 함께 휴양지 개발 사업 프로젝트에 참여했는데, 여기에 투입시킬 대부 자금을 끌어모았다가 돌연 개발이 무산됐다. 이것이 도화선이 되어 고위 공직자의 불법 금융 거래 논란에 불이 붙기 시작했다.[6] 이때, 백악관 자문 위원이자 화이트워터의 세금 환급 자료를 관리하던 인물이 빈센트 포스터Vicent Foster였는데, 그는 이전까지 아주 순탄한 길을 걸어왔으며, 단 한 번의 아주 작은 실패도 경험해본 적 없는 완벽한 사람이었다. 그러다가 클린턴 행정부와 포스터의 사무실이 조사를 받게 되었고, 그는 제대로 관리를 하지 못해서 대통령을 보호하는 데 실패했다고 느꼈다. 이전에 성공한 경험들은 그가 실패의 심리적 충격을 극복하지 못하고 공원에서 목숨을 끊는 데 아무런 역할도 하지 못했다. 아니, 안 했다. 부패가 만연한 한국 정치에 비하면 스캔들 축에도 끼지 못하는 비리이지만, 실패 혐오증을 극복하지 못한 포스터는 스스로 목숨을 끊는 최후의 선택을 했다.

실패에 대한 혐오로부터 비롯되는 또 다른 부작용은 일의 '실행executing'보다는 '계획planning'에 집착하게 된다는 점이다. 완벽주의자는 어떤 일을 시작하든지 사전에 만반의 준비를 하지 않으면, 심한 불안감에 휩싸이거나, 때로는 도전해 보지도 않고 실패하고 말 것이란 부정적 확신에 사로잡히는 경향이 강하다. 때문에 이들은 발생 가능한 모든 시나리오에 대비하여 계획을 수립한 이후에서야 실행에 옮기게 된다. 심한 경우, 계획만 세우다가 일을 시작하지도 못하는 경우도 있다. 특히나 요즘처럼 불확실성이 높고 신속한 의사 결정이 요구되는 경영 환경에 이런 완벽주의 성향은 성과에 오히려 차질을 가져올 가능성이 크다.[7]

완벽주의자는 완벽한 비즈니스를 꿈꾼다. 아마존, 애플, 구글, 마이크로소프트 등의 기업들은 세계 시장에서 일류 제품으로 인정받을 만큼 우수한 제품들을 생산하고, 경영 능력 면에서도 세계 일류 기업으로 인정받고 있다. 그렇다고 이러한 기업들을 완벽한 기업이라고 할 수 있을까? 이들은 완벽한 과정의 끝 단계에 도달하기 위한 진화 경쟁의 승리자들이다. 그렇다면 이 세상에 완벽한 비즈니스란 있을까? 만약 있다면 완벽주의자가 스스로 그렇게 정의를 내렸기 때문일 것이다. 비즈니스는 진화할 뿐 완벽함이란 있을 수 없다.

듀폰DuPont은 프랑스 혁명을 피해 미국으로 건너온 엘 테일이 1802년에 설립해 지금까지 200여 년 이상을 이어온 회사다. 창업 초기에는 개척기 미국에서 꼭 필요했던 신종 화학 물질을 개발해 입지를 굳혔고, 1940년에는 섬유 역사상 최대 히트작인 나일론을 개발해 세계적인 기업으로 성장했다. 1900년대 초부터 듀폰의 섬유 부문은 그룹 전체 매출의 약 25퍼센트를 차지해왔다. 당시 듀폰의 CEO는 대부분 섬유 부문 출신이었고, 섬유는 전통적인 듀폰의 핵심 사업이었다. 그러나 지금의 듀폰에는 섬유가 없다. 1998년 석유 회사인 코노코^{Conoco}에 자회사 매각을 시작으로 과감한 인수 합병 행보를 보였다. 2004년에는 섬유 부문과 석유 및 제약 사업을 과감히 정리하고 종자 업체인 파이오니어^{Pioneer}를 인수한 뒤 농업과 바이오 연료 분야 등으로 방향을 선회했다. 지난 2010년에는 농업 생명 공학 부문 매출이 전체의 30퍼센트를 차지하는 바이오 기업으로 자리매김했으며, 오늘날에는 식품, 영양, 건축, 의류, 운송, 전자 부문까지 포트폴리오를 확대하며 명실상부 종합 과학 회사로 탈바꿈했다. 만약 당신의 목표가 '완벽함'을 증명하는 것이라면 어떤 일이든 영원히 끝날 수 없다. 이론의 여지가 있다고 인정하는 순간 이미 전쟁에서 진 것이기 때문이다. 이 외에도 완벽주의자는 자신은 물론 타인에게도 높은 수준의 완벽함을 요구하는 등 다음의 다양한 특성을 보인다.

- 성공을 즐기지 못하고 후회를 자주 한다.
- 후회할 일을 하고 싶지 않아 새로운 도전을 꺼린다.
- 도전 정신을 갉아 먹는다.
- 사소한 선택에도 큰 어려움을 느낀다.
- 완벽하기 위해 수많은 규칙을 만든다.
- 강박증을 만들어 낸다.

| 완벽주의자의 특성 |

완벽보다 중요한 것은?

아마존은 코로나19의 최대 수혜주다. 코로나19로 사회적 거리 두기가 확산하면서 소비자들의 쇼핑 패턴이 온라인 중심으로 자리 잡은 데다 재택근무 확산과 온라인 활동 급증으로 기업들의 클라우드 수요가 늘었기 때문이다. 2020년 1분기 코로나19 사태 이후 아마존의 전체 매출은 전년 동기 대비 26퍼센트 증가했다. 북미 지역의 온라인 쇼핑 매출은 29퍼센트 증가했다. 같은 기간 아마존웹서비스^{AWS}의 매출은 33퍼센트나 늘었다. 아마존은 코로나19 사태 이후 17만 5,000명을 미국에서 신규 채용했고, 이 중에서 12만 5,000명을 정규직으로 전환했다.

고객들에게 아마존은 점진적 완벽함과 효율성의 대명사다. 원하는 물건을 언제든 손쉽게 검색해서 구매할 수 있다. 특히 계산 과정 없이 쇼핑을 마치도록 한 미래 마켓 '아마존 고$^{Amazon\ Go}$'는 완벽한 유통 혁신의 결과다. 그런데 제프 베이조스는 처음에 비전만 웅장했을 뿐, 그것을 어떻게 달성해야 할 것인지에 대해서는 거의 아는 바가 없었다. 그는 비완벽주의자였다. 1995년 아마존이 책을 팔기 시작했을 때 마이크로소프트의 익스플로러는 나오지도 않았었다.

웹사이트를 오픈한 첫 주, 아마존은 1만 2,000달러어치 책을 팔았는데 발송한 책은 846달러에 불과했다. 둘째 주엔 7,000달러어치를 발송했지만, 아직 첫 주문량을 다 소화하지도 못한 상태에서 1만 4,000달러어치 주문이 또 들어왔다. 베이조스는 이를 만회하기 위하여 필사적으로 발버둥 쳐야 했다. 자금 계좌는 한도를 초과했고, 관리팀은 주문받은 책을 배송하는 작업을 위해 매일 밤늦게까지 일해야 했다.[8] 밥 먹으러 갈 여유도 없고, 책상 살 시간도 없어 직원들은 모두 바닥에서 먹고 일을 해야 했다. 베이조스는 고객에게 약속을 내걸었다. 100만 권 이상의 책을 구비하고, 30일 이내 무조건 반품을 받아 주겠다고 말이다. 하지만 어떻게 그런 약속을 지킬 것인지 구체적인 계획은 전혀 없었다. 어떻게든 방법을 찾아낼 수 있을 거라는 생각뿐이었다.[9]

베이조스의 의사 결정 기준에는 '완벽할 때까지 고객은 기다려 주지 않는다'는 것이 있다. 한 번은 사업 시작 2주 만에 야후의 제안을 덥석 받은 적이 있다. 당연히 아마존의 매출은 급격하게 상승했지만 아무런 준비가 안 된 베이조스와 직원들은 인간으로서는 감당할 수 없을 정도의 업무를 처리해야 했다. 당시 베이조스는 일주일도 더 된 상한 카푸치노를 무심코 들이켰다가 심하게 배탈이 나기도 했다. 위기 상황에 놓인 베이조스는 다음의 말을 즐겨 했다. "지금과 같은 상황에서 20분 이후에 할 일을 계획한다면 그건 시간 낭비일 뿐이다."[10]

신중하게 짠 일련의 작전에 따라 진행되는 미식축구와 달리, 농구는 경기를 멈추고 팀을 재편할 기회가 별로 없어, 항상 바삐 뛰어다닌다. 농구장의 작전은 동적이고 즉석에서 이루어진다. 오늘날 비즈니스도 농구 경기와 같다. 비즈니스 세계에서 일어날 수 있는 모든 경우의 수를 감안한 완벽한 계획을 세우고, 그 계획대로 실행한다는 것은 불가능하다. 조직 내 몸담은 임직원들은 변하기 쉬운 경영 환경과 경쟁 기업의 작전에 본능적으로 대응하고 게임의 광적인 속도를 따라갈 수 있는 체력과 정신력이 있어야 한다. 페이스북의 CEO인 마크 저커버그Mark Elliot Zuckerberg가 대표적인 인물이다. 2006년, 저커버그는 야후로부터 10억 달러의 인수 제안을 받았다. 그러나 그는 제안을 단숨에 거절하고 대신 벤처캐피털로부터 2억 5,000만 달러를 투자받았다. 당시 야후의 전 CEO 테리 세멀Terry Semel은 "10억 달러를 보고도 흔들리지 않는 사람은 처음 봤다."라고 혀를 찼다. 고객 클레임이나 해킹의 위기, 심지어 미국 대통령에게 압박을 받을 때도 저크버그는 이 문장을 벽에 써 놓아 주주와 직원들의 뇌를 항상 일깨우도록 했다. "해커들은 한 번에 모든 것을 해결하려고 합니다. 하지만 우리는 작은 반복으로부터 배운 것과 빠른 시도에 의해 장기적으로 최고의 서비스를 확립하고자 합니다. 실행이 언쟁을 이깁니다. 완성이 완벽을 이깁니다." 상품을 지나치게 빨리 출시해서 죽어간 회사의 수는 극히 적다. 상황이 나빠 봐야 창피한 꼴을 한번 겪을 뿐이다. 그러나 출시할 용기가 없어서 죽거나 혹은 실패할 두려움, 기득권의 반발, 내부적 우유부단함의 혼수상태에 빠진 회사는 무수히 많다.[11] 2000년대 초반까지 가전 업계를 주름잡았던 일본의 대표 기업인 파나소닉Panasonic은 2002년 로봇 청소기 시제품을 제작했지만, 기득권의 반발과 관료주의적인 조직 문화 탓에 실제 제품은 2015년에나 출시할 수 있었다. 이 시점은 미국이 이미 로봇 청소기로 전 세계를 점령한 뒤였다.

그렇다면 얼마나 빨리 상품을 출시해야 할까? 링크드인^{LinkedIn}을 설립한 리드 호프먼^{Reid Hoffman}은 이렇게 말했다. "출시 시점에 그 제품이 창피하지 않다면, 출시가 너무 늦은 것이다." 요즘은 제품 개발 주기가 분기나 개월로 측정되는 것이 아니라 일^日 단위로 측정된다. 이런 진화적 모델은 고객의 요구 사항 도출 및 적용이 용이하고 개발의 타당성을 선 검증할 수 있는 장점이 있다. 뿐만 아니라 2020년 5~6월 맥킨지와 하버드 비즈니스스쿨이 글로벌 50개 기업을 대상으로 조사한 결과, 진화적 모델을 적용하는 기민한 기업은 경쟁사 대비 코로나19 특화 상품·서비스를 평균 두 배 이상 빠르게 출시하고, 93퍼센트의 고객 만족도와 76퍼센트의 업무 몰입도를 보이며 상대적으로 월등한 평가를 받았다.[12] 때문에 완벽보다 완성을 지향하는 퍼스트 무버^{first mover}는 내일의 수익성이 오늘의 진화 가능성에 달려 있다는 것을 이해하고 빠르게 행동한다.

Point

완벽한 계획을 세우는 것은 쇠퇴의 징조다. 비즈니스 세계에서 일어날 수 있는 모든 경우의 수를 감안한 완벽한 계획을 세우고, 그 계획대로 실행한다는 것은 불가능하다. 무엇보다 고객은 완벽할 때까지 기다려주지 않는다.

범용화의 덫

#1. 일반적으로 소금은 음식의 짠맛을 내기 위한 조미료로 사용된다. 조미료 용도 외에도 인간의 생존에 없어서는 안 되는 것이기 때문에 소금을 얻기 위한 노력은 아주 오래전부터 이루어졌다. 고대 이집트에서는 미라를 만들 때 시체를 소금물에 담갔고, 이스라엘 사람들은 토지를 비옥하게 만들기 위해 소금을 비료로 사용했다. 또 고대 그리스 사람들은 소금을 주고 노예를 샀으며, 소금을 얻기 위하여 가난한 사람들이 자기 딸을 판 사례도 적지 않았다. 이처럼 다양한 소금의 활용성에 소금을 생산한 초기 공급자는 높은 이윤을 향유했다. 하지만 시간이 흘러 천일염전, 게랑드 염전, 설염, 히말라야 핑크소금, 피오치 등 다양한 종류의 소금이 출시되면서 결국 기존 소금의 판매량은 큰 폭으로 줄었다.

#2. 레이캅, 자이글, 알톤스포츠, 휴롬 등 대한민국의 강소 스타 기업들이 위기를 겪고 있다. 이 회사들의 성장은 강력했다. 특히 휴롬은 2008년 스크루를 이용해 저속으로 지그시 짜내 원재료의 맛과 영양을 보존하는 착즙기를 선보여 대박을 쳤다. 2009년 300억 원 수준이던 연 매출은 2015년 2,300억 원으로 여덟 배 가까이 급증했다. 레이캅도 2007년 침구 살균 청소기를 선보인 후 2011년 300억 원대에서 2014년 1,800억 원대로 껑충 뛰었다. 하지만 이들 기업의 성장세는 10년을 넘기지 못했다. 이런 현상은 국내 기업에만 국한되지 않는다. RCA, 제록스, AT&T, US스틸, 스탠더드 오일Standard oil, 엑손모빌Exxon mobile은 거의 독점적인 시장 지배력을 가지고 있었다. 하지만 그들의 헤게모니는 일시적이었다.

앞의 사례 1과 2에서 보듯 대부분의 신제품이나 서비스는 경쟁 제품이 없는 도입 초기에 독보적인 위치를 차지하며 높은 이윤을 향유하게 된다. 하지만 시간이 흘러 모방 제품이나 다양한 서비스가 지속적으로 출시되면서 결국 이들도 '범용화의 덫Commodity trap'에 빠지게 된다. 범용화란 18세기 증기 기관, 19세기 철도와 전기, 20세기 자동차, 21세기 컴퓨터와 인터넷, 모바일 등 전대미문의 신기술이 오랜 세월 많은 분야에 적용되면서 당연한 기술로 받아들여지는 사회 및 경제 현상을 말한다. 앞서 언급한 일상적 조미료인 소금도 예외가 될 수 없다. 기원전 65년~서기 8년에 활동한 고대 로마의 호라티우스Quintus Horatius Flaccus라는 시인이 남긴 말이 있다. "시인의 평범함은 경멸받는다. 사람들도, 신들도 평범함을 허용하지 않는다. 서점의 광고 전단조차도." 예나 지금이나 범용화는 영원한 숙제이자 숙명이다.

범용화의 덫에 빠지게 되면 기업에 어떠한 영향을 받을까? 현대 경영의 창시자로 불리는 경영의 대가 톰 피터스Tom Peters는 현대 잉여 사회의 모습을 '열 배+10분의 1 현상'이라고 일컬었다. 각 기업이 생산하는 제품의 품질은 열 배 이상 향상되었지만 제품 간 차별성은 10분의 1 수준으로 떨어졌다는 것이다. 질레트Gillette는 마하3 삼중 날 면도기를 개발하는 데 7년에 걸쳐 약 10억 달러를 사용했지만, 영국의 유통 업체인 아스다Asda는 단 두 달 만에 그 상품을 복제했다.

세계 1위라고 예외는 아니다. 전 세계 식음료 업체 1위인 네슬레Nestle도 1990년대 후반 위기를 맞이했다. 유니레버Unilever, 다농Danone, 크래프트Kraft와 같은 경쟁사들이 원가 절감을 통해 수익성 위주의 경영을 할 때 네슬레는 전통적인 매출 성장 위주의 전략을 고수하고, 경쟁 제품 간 차별성을 간과했다. 그 결과, 네슬레의 영업 이익률은 경쟁사의 50퍼센트 수준으로 떨어지며 주가도 하락했다.

범용화의 덫에 빠지게 되면 제품이나 서비스는 경쟁사에 비해 차별화할 수 있는 무기가 점점 줄어들게 되고 가격 경쟁이라는 피말리는 전쟁터에 내몰려 수익성이 악화된다. 여기에서 비용 측면의 우위를 가지지 못하게 되면 이는 곧바로 경쟁력 상실로 이어져 시장에서 퇴출당하는 최악의 상황에 이를 수 있다.

그런데 대부분의 기업은 제품이나 서비스가 범용화의 덫에 직면해 있음에도 충분한 대응 조치를 하지 않고 있다. 유럽의 최대 경영전략 자문 회사인 롤랜드버거Roland Berger의 조사에 따르면 63퍼센트의 기업들이 제품과 서비스의 범용화에 직면해 있고, 범용화의 덫에 걸린 기업의 65퍼센트는 탈출을 위한 충분한 조치를 하지 않는 것으로 나타났다.

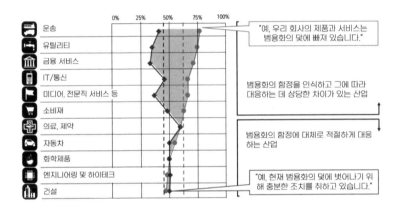

| **범용화 함정의 인식과 산업별 대응 현황** |

Source: Roland Berger

위 그래프에서 보듯 산업군에 따라 범용화의 위험성을 인식하는 정도와 그에 따라 대응하는 것 사이에는 상당한 격차가 있음을 알 수 있다. 특히 운송과 유틸리티, 금융 서비스, IT·통신 산업군은 범용화의 덫에서 벗어나기 위한 충분한 조치를 하지 못하는 것으로 나타났다. 범용화의 덫에 빠지게 되면 기업의 경쟁력 상실은 물론 시장에서 퇴출당하는 최악의 상황에 이를 수 있음에도 불구하고 상당수의 기업이 범용화의 덫에 벗어나지 못하는 이유는 뭘까?

1989년 수입 자유화 조치로 외국산 면도기가 국내에 들어왔다. 대표적인 브랜드가 질레트와 쉬크Schick였다. 당시 한국에는 1979년에 설립한 도루코가 거의 독점적인 시장 지배력을 가지고 있었다. 하지만 질레트와 쉬크는 세련된 디자인에다 높은 품질, 합리적 가격으로 대기업 유통망을 업고 순식간에 전국에 깔렸다. 당시 90퍼센트를 넘던 도루코의 점유율은 20퍼센트 대로 뚝 떨어졌다. '형님', '동생'하며 상인들과 우호적 인간관계를 다져 놓았지만, 높은 품질과 합리적 가격 앞에선 인맥도 무용지물이었다. 결국 시장은 초토화되었고, 속수무책으로 당할 수밖에 없었다. 이후 도루코는 고급 시장을 포기할 수밖에 없었고, 여관이나 목욕탕에 비치하는 일회용 면도기로 근근이 연명했다.

과연 도루코는 범용화의 함정을 미리 예측할 수 없었을까? 면도기 수입 자유화는 예고되었고, 품목별 유예 기간이 이미 나와 있었다. 그럼에도 도루코의 경영진은 범용화의 덫이 목전에 닥치기 전까진 위기감을 느끼지 못했다. 피부로 직접 느껴야 늦었음을 깨닫는다. 전성수 대표는 당시를 "상대적으로 낮은 기술력과 부족한 자본력으로 대응조차 할 수 없었다."라고 회고했다. 요약하자면 글로벌 기업이 선점하고 그들이 만들어 놓은 규칙 아래서 제품의 품질과 효율성을 높여 시장을 장악하는 데만 익숙할 뿐 단절적 혁신을 통해 새로운 경쟁의 규칙을 만드는 것을 간과했기 때문이다. 미국 서점 1~2위인 반스앤노블Barnes & Noble과 보더스Borders가 몰락한 이유도 아마존 같은 새로운 규칙의 온라인 서점이 등장했음에도 이에 유연하게 전략을 수정하지 않고 자사 고객의 잠식을 우려해 대응을 지연했기 때문이다.

가장 큰 문제는 범용화의 덫에 빠지면 빠져나오기가 쉽지 않다는 것이다. 대표적인 사례가 쌍용자동차의 '렉스턴'이다. 쌍용자동차는 2001년 렉스턴이라는 대표적인 스포츠 유틸리티 차량SUV을 출시해 꾸준한 인기를 끌었다. 그때 내세웠던 브랜드 슬로건은 하이엔드 마케팅인 '대한민국 1%'였다. 아무나 살 수 없다는 프리미엄 이미지를 극대화해 2001년 국내에서만 1만 5,000대를 판매했다. 그런데 2005년 자동차 수입이 자율화되면서 국내에 SUV 차량이 수입되고, 2007년에는 현대자동차에서 렉스턴보다 세련된 베라크루즈를 탄생시키면서 렉스턴의 가치는 예전만 못했다. 이러한 환경의 변화에도 불구하고 쌍용자동차는 2006년 렉스턴 II, 2007년 렉스턴 II 유로, 2008년 슈퍼 렉스턴 등으로 바통을 이어가면서 '대한민국 1%'라는 가치를 그대로 유지했다. 결과는 예측한 바와 같다. 매몰 비용과 과거의 성공에 취해있을 때 경쟁사들은 끊임없이 잠식해 들어오고 신기술을 모방하며 차별화 효과를 없앤다. 그리고 그들은 우리가 범접할 수 없는 더 이상의 가치를 추구한다.

반스앤노블과 보더스, 렉스턴의 실패 사례가 주는 또 다른 교훈은 경험과 지식, 자원이 뛰어난 조직일수록 새롭고 혁신적인 기회를 보지 못한다는 사실이다. 100년 가까이 세계 최대 자동차 업체로 군림했던 제너럴 모터스General Motors는 왜 하이브리드 자동차에 느리게 반응했을까? MS는 왜 인터넷의 부상에 민감하게 반응하지 않았을까? 야후는 사업 초창기에 왜 구글과 페이스북을 인수할 기회를 놓쳤을까? 너무나도 익숙한 사례지만 아는 것이 상상을 가로막을 때가 많음을 인식시켜 준다. 즉 과거의 실적이 미래 혁신을 헤아리는 능력을 제한할 수 있다는 거다. 이러한 현상을 '전문성의 역설 paradox of expertise'이라고 부른다. 해당 기업이 생산하는 제품이나 서비스 범주, 기술 등에 깊이 몰두할수록 시장의 판도를 바꾸고 현재의 기술을 뛰어넘는 혁신적 비즈니스 모델로 발전하기가 힘들어진다. 우리가 이미 잘 알고 있는 것(풍부한 경험과 지식, 경영 관행과 프로세스), 특히 집단적으로 믿는 것의 무게가 늘어날수록 혁신의 추진 동력은 힘을 잃어간다.

전문성의 역설

파리와 벌 중 누가 더 지능이 뛰어날까? 당연히 파리만큼 호전적인 곤충은 아니지만, 체계적이고 조직적인 움직임을 보이는 벌의 지능이 더 뛰어날 것으로 판단된다. 실제로 파리와 벌을 유리병에 넣고 입구를 빛이 보이는 쪽을 향해 놓으면 벌은 우왕좌왕하는 파리보다 훨씬 빠르게 탈출에 성공한다. 벌은 빛이 보이는 방향에 출입구가 있다는 전문성을 갖고 있기 때문이다.

그런데 이번에는 병의 입구를 빛의 반대 방향으로 바꿔 놓았다. 벌은 하나둘씩 밝은 쪽으로 모여들기 시작했고, 급기야 출구를 찾아 나가려고 애를 쓰다가 지쳐서 모두 죽고 말았다. 그러나 파리는 마개가 없는 입구 쪽으로 모두 빠져나갔다. 2분도 채 걸리지 않았다. 벌의 전문성이 오히려 병에서 탈출하는 데 방해가 된 것이다. 벌은 반드시 밝은 곳에 출구가 있다고 생각한다. 따라서 빛을 찾아가는 과거의 경험적 행동만을 되풀이한다. 그러나 벌보다도 지능이 낮은 파리는 달랐다. 빛의 방향과는 상관없이 제멋대로 날아다니다가 반대쪽의 출구로 어렵지 않게 빠져나간 것이다.

이 실험이 전해주는 교훈은 기존의 전문적·경험적 지식은 현재 당면한 문제를 해결하는 데 큰 도움을 주지만 변화된 미래의 환경에서는 오히려 성장과 발전의 걸림돌이 된다는 것이다. 레이캅, 자이글, 알톤스포츠, 휴롬 등 대한민국의 강소 스타 기업들이 위기를 겪고 있는 이유도 제품뿐만 아니라 기존의 전문적·경험적 지식마저

도 범용화되어 수명이 다한 것이다.

"곤경에 빠지는 건 뭔가를 몰라서가 아니다. 뭔가를 확실히 안다는 착각 때문이다."

《톰소여의 모험》을 쓴 미국 소설가이자 미국 문학의 아버지라 불리는 마크 트웨인Mark Twain이 남긴 말이다. 과거의 전문성과 경험적 지식으로는 예측할 수 없는 방향으로 상황이 돌변하기 때문에 과거의 지식을 버리자는 '언러닝unlearning'의 정신을 강조하기 위한 메시지다.

기업의 학습에 있어서 가장 큰 장벽은 '기존에 배운 것을 버리지unlearning' 못하는 조직 문화다. 언러닝의 중요성을 잘 보여주는 대표적인 사례가 인텔이다. 인텔은 1980년대 PC 시대가 개막한 이래로 PC의 두뇌라고 할 수 있는 마이크로프로세서 분야의 독점적 지배력을 가진 시장의 최강자로 군림해왔다. 하지만 스마트폰의 등장으로 모바일 시장 규모가 크게 확대되자 인텔은 자체 R&D 및 관련 산업 분야의 M&A를 등을 통해 역량을 확보했다. 이런 역량을 바탕으로 3세대3G 이동 통신 부문에서 마이크로프로세스와 모뎀칩을 통합한 소피아SoFIA를 출시하면서 중저가 스마트폰 시장에서 돌풍을 일으켰다. 그러나 인텔은 2016년 4월 돌연 이 사업에서 철수하고 만다. 최고의 기술력과 R&D 역량, 막강한 자금력을 지닌 인텔이 왜 PC와 인접한 모바일에서 실패했을까? 벌과 같이 입구가 바뀌었는데 빛을 찾아가는 과거의 경험적 행동만을 되풀이했기 때문이다. 인텔은 PC 시장에서 익숙한 경험적 지식과 성공 공식을 모바일에서도 그대로 적용했다. PC 기반 마이크로프로세스는 전력 사용량과 발열이 많은 문제점이 있지만, 공간이 넓고 전원을 항상 안정적으로 공급받기 때문에 큰 문제가 되지 않았다. 하지만 모바일 환경에서는 기기가 작고 배터리의 용량이 제한돼 있기 때문에 전력 사용량과 발열 모두 적어야 한다. 변화된 제조 환경에도 불구하고 인텔은 전력 효율이 떨어지고 발열도 많지만 성능이 뛰어난 PC 방식 그대로 모바일 제품을 출시했다. 인텔뿐만 아니라 블록버스터Blockbuster, 보더스Borders, 코닥Kodak, 모토로라Motorola, 노키아Nokia, 세그웨이Segway, 테라노스Theranos, 야후Yahoo 등의 기업 역시 '기존에 배운 것을 버리지' 못해 몰락한 대표적인 기업이다.

"배우는 것보다 잊는 것이 더 어렵다."는 말이 있다. 새로운 방식의 실험, 다양성의 확장, 창의력이 숨 쉬는 조직을 구현하기 위해서는 새로운 지식에 대한 습득 이전에 과거와의 단절이 필요하다. 아무런 선입견이 없는 백지 상태에서 시작하는 것이 오히려 진정한 학습을 가능하게 할 수 있다는 이야기이다. 예컨대, 기존 조직의 영향을 차단시키기 위하여 신사업 조직을 독립 조직 형태로서 별도로 운영하는 것도 언러닝 조직을 만들기 위한 하나의 시도라고 볼 수 있다. 신사업을 기존 조직에서 발전시킬 경우, 기존 조직의 논리나 사고방식으로 인해 우선순위에서 밀리거나 조직 내 정치적인 문제에 의해서 암묵적으로 방해를 받을 수 있기 때문이다. 소니의 게임

사업도, HP의 PC용 프린터 사업도 모두 기존의 시스템을 떠나 별도의 조직으로 분리하여 관리한 것이 성공 요인 중 하나였다.[13] 구글은 한 단계 더 나아가 신사업 조직에서 능력이 부족하거나 리더십이 없어서 존경받지 못하는 상사는 구성원들이 교체를 요구할 수 있도록 했다. 12개월을 주기로 팀원들이 팀장 교체를 요구하면 반드시 받아 주는 원칙을 정하고 있다. '팀장인데 팀원의 눈치를 보고 일해야 한다고?'라고 생각할 수도 있겠지만 팀장이 조직과 팀의 가치 증대와 목표 달성에 반드시 필요한 존재라면 그런 사람을 바꾸어 불이익을 자처할 팀원들은 없다. 무능과 무임승차, 결정력 부족을 지닌 사람으로 인한 경제적·정신적 비용은 적지 않으며, 이런 상사를 경험해 본 사람이라면 하지 못할 이유도 없다. 결국 교체되는 팀장 역시 새로운 지식이나 프랙티스Practice를 학습하면서 유연하게 대처해가는 하나의 기회가 될 것이다.

버나드 시모닌Bernard Simonin 터프츠대학교 교수가 국제 전략적 제휴에 참여한 147개 미국 기업을 대상으로 실증적 연구를 한 결과에서도 언러닝을 장려하는 학습 문화를 가진 기업이 그렇지 않은 기업에 비해 더 나은 학습 성과를 내는 것으로 나타났다. 지금까지 성공의 기반이 된 경영 방식과 전문성을 재고하고 이미 확립된 관념과 행동 양식에 문제를 제기할 수 있을 때 비로소 새로운 지식과 창조적 아이디어가 자리 잡을 수 있다. 노자는 말한다. "지식을 얻기 위해서는 매일 무언가를 추가learn해야 한다. 지혜를 얻으려면 매일 제거unlearn하라."

범용화 인식은 언제?

반스앤노블, 렉스턴, 인텔 등의 사례처럼 범용화의 덫에 빠지면 빠져나오기가 쉽지 않기 때문에 무엇보다 예방이 중요하다. 아래 그림은 제품이 출시되어 퇴출되기까지 범용화가 진행되는 과정을 단계별로 정리했다.

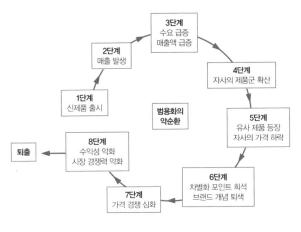

| 범용화의 악순환 사이클 |

범용화의 악순환 사이클에서 가장 중요한 것은 사람들이 어느 단계에서 범용화의 덫에 빠졌다고 인식하는가이다. 1980년대 IBM이 메인프레임 컴퓨터 산업에서 70퍼센트의 시장 점유율과 업계 총 수익의 95퍼센트를 차지하며 높은 진입 장벽을 점유했음에도 불구하고 그것을 오래 유지하지 못한 이유는 뭘까. 마찬가지로 1950년대부터 1970년대까지 제너럴모터스가 미국 자동차 시장의 50퍼센트를

점유하며 업계 수익의 80퍼센트를 벌어들이는 독점적 구조를 지속적으로 유지하지 못한 이유는 뭘까. 범용화의 시작을 6단계나 7단계에서 인식하기 때문이다. 이미 때는 늦었다. 경쟁 기업은 이미 차별화되었고 수익성 좋은 제품이 시장에 판을 깔아버렸다. 좀 안타까운 사실은 범용화의 늪에 빠진 국내 기업의 대부분은 퇴출 직전인 8단계에서 범용화를 인식한다는 것이다. 이는 기업의 제품 수명 주기 product life cycle 상 쇠퇴기 중의 말기 단계에 해당된다. 4기 말기의 암 환자가 되는 법정 관리 절차에 들어가야 인식한다는 거다.

그렇다면 범용화의 악순환 사이클 단계 중 어느 단계에서 조치를 취해야 범용화가 일어나는 것을 예방할 수 있을까? 바로 4단계다. 새로운 시장이 형성되면서 한 기업이 독점적인 제품을 개발한다 (1단계). 이 제품은 경쟁사 제품들보다 고객의 욕구를 더 충족시키며 만족스러운 수익을 올린다(2~3단계). 이 기업은 직접적인 경쟁 기업을 앞지르기 위해 노력하면서 결국 시장의 다양한 고객들이 이용할 수 있는 유사 제품군을 개발·출시한다(4단계). 예를 들어 스팀청소기 버전 1.0으로 매출이 급증하여 스팀 청소기 버전 2.0이나 스팀 다리미를 개발·출시할 때가 이에 해당된다. 이 4단계에 접어들게 되면 새로운 가치 제안이 일어나야 한다. 경영학 교과서는 '자사의 가치 제안이 범용화(6~7단계)되었을 때 원점으로 돌아가서 가치 제안을 다시 설계해야 한다'고 한다. 하지만 이것은 현실성이 없다. 하나의 제품이 2~3년 연속 성장세를 보일 때 완전히 새로운 가치를 창조해야 한다. 한참 성장으로 자만의 늪에 빠질 때 말이다. 이는 기업의 제품 수명 주기상 성장기의 중간 단계에 해당된다.

범용화의 덫에서 탈출하는 법

　범용화의 덫에 빠진 대부분의 기업은 기존의 핵심 기술과 핵심 고객을 대상으로 어떻게 개선하면 좋을지 고민한다. 즉 기존 고객의 요구대로 기존 제품이나 서비스를 개선하면서 그것이 기업의 혁신을 이끌고 기업의 성과로 이어지기를 기대한다. 이러한 접근 방법은 BCG 매트릭스상 캐시카우cash cow에 해당되는 영역으로, 과거에 비해 시장 성장률은 낮지만 여전히 시장 내에서 우위를 바탕으로 지속적인 현금을 창출할 수 있을 때 적합한 전략이다. 애플과 삼성전자의 스마트폰이 여기에 해당된다.

　하지만 지금과 같은 격변기에 범용화의 덫에 빠진 경우에는 수명이 다한 기존 비즈니스 모델에 대한 집착에서 벗어나 산업의 경계 밖을 봐야 한다. 즉, 기존 제품과 고객의 범위를 넘어 그들의 잠재 욕구를 발굴하는 단절적 혁신의 자세가 필요하다. 5~10년 후 당신 기업은 어느 기업과 어떤 방식으로 경쟁하고 있을까? 최근 4차 산업혁명과 코로나19의 출현으로 산업의 경계는 불투명해지고 새로운 경쟁자들이 전혀 다른 분야에서 새로운 방식을 들고 등장하고 있다. 예를 들어 컴퓨터 기업이던 애플이 MP3와 스마트폰 시장에서 성공한 것은 맥킨토시가 아니라 아이튠즈와 앱스토어에 바탕을 둔 플랫폼 비즈니스 모델을 구축했기 때문이다. 산업의 판도를 바꾸는 단절적 혁신은 산업의 중심부가 아니라 산업의 경계 밖에서 자주 발생하고 있다는 점에 주목해야 한다.

매몰 비용에 사로잡혀 기존 비즈니스 모델에 대한 집착에서 벗어나는 것 또한 쉽지 않지만, 산업의 경계 밖을 보는 자세를 갖는다는 것은 더욱 어려운 일이다. 따라서 평소에 '안에서 밖으로의 사고inside-out thinking'보다 '밖에서 안으로의 사고outside-in thinking'를 하는 습관을 갖는 것이 매우 중요하다. 범용화된 기업의 공통점은 고객의 문제를 고객의 시각이 아닌 자사가 제공하는 제품과 서비스에 대한 관점, 즉 '안에서 밖으로의 사고'를 한다. 이에 반해 '밖에서 안으로의 사고'를 하는 기업은 기존 비즈니스 모델에 대한 집착에서 벗어나 산업의 경계 밖을 보며, 고객 니즈에 대한 인사이트를 혁신의 원천으로 보고 제품과 서비스를 개발한다. 고객의 문제 해결을 위해서라면 자사가 제공할 수 있는 제품뿐만 아니라 외부 파트너의 제품까지도 소싱하고 통합하여 제안할 수 있는 모든 솔루션을 제공한다. 이러한 기업들이 고객에게 궁극적으로 제공하고자 하는 것은 단순한 제품이 아니라 바로 고객이 느끼는 가치다. 밖에서 안으로의 관점을 취하는 기업들은 바로 이러한 고객 가치를 제품 개발에서 고객에 전달하기까지 모든 조직 활동의 출발점이자 종착점으로 삼고 있기 때문에 범용화의 덫에 걸릴 확률도 낮고, 범용화의 덫에 걸렸더라도 탈출할 가능성이 높다.

'밖에서 안으로의 사고'를 하는 대표적인 기업이 자포스다. 일례

구분	Inside-Out Thinking (안에서 밖으로의 사고)	Outside-In Thinking (밖에서 안으로의 사고)

핵심
개념
	• "우리가 잘하는 분야는 무엇인가?",
	  "우리가 가진 역량과 제품은 무엇인가?"
	• 내부지향적 및 단기적 관점
	• 주주 이익 및 제품별 매출과 이익 창출
	  중요시
		• "고객이 가치있게 여기는 것을 어떠한 역
		  량으로 제공할 수 있는가?"
		• 외부지향적 및 장기적 관점
		• 고객 가치가 모든 조직 활동의 시작이자
		  마지막

전략
방향
	• 내부 역량으로 경쟁 우위를 가질 수 있
	  는 최상의 제품을 개발하고 그 제품을
	  고객이 구매하도록 설득하기 위한 마케
	  팅에 의존
		• 고객의 문제와 고객의 가치에서 출발해서
		  자사가 제공할 수 있는 제품이나 역량뿐만
		  아니라 외부 파트너의 제품 또한 고려하여
		  최상의 솔루션 제공

조직 운영	• 제품 개발 담당자 권한 강화 • 제품 및 기능을 중심으로 제품개발팀 운영 • 내부 중심 조직 관리	• CRM, CEM(고객경험관리) 담당자 권한 강화 • 고객 세그먼트팀, 고객관리팀 등의 고객 중 심 통합·조정 기능 • 외부 파트너십 관리

인력
육성
	• 시장 점유율, 신제품 출시 등에 대한 평
	  가 및 보상
	• 고객 접점 부서 중심의 고객역량 강화
		• 고객 만족도, 고객 충성도, 고객 유지 등에
		  대한 평가 보상
		• 백오피스를 포함한 전사적 차원의 고객 역
		  량 강화

조직 문화	• 신제품 개발 문화 • 기술, 엔지니어링 등 기능 중심 문화 • 제품 중심 리더십	• 고객 우선주의 문화 • 수평적이고 협력적 문화 • 고객 중심 리더십

| 자사 제품, 서비스에 대한 기업의 관점 |

Source : Day, G. & Mooreman, C. (2010) Strategy From the Outside In. McGraw-Hill 수정 인용

로 이 회사는 고객이 원하는 신발이 없는 경우 타 회사를 뒤져서라
도 찾아주고, 심지어는 신발과 상관없는 문의나 상담 요청도 최선을
다해 응해준다. 자포스는 2008년 금융 위기 이후에도 1,300퍼센트
라는 놀라운 성장률을 기록했고, 재구매율 75퍼센트 이상, 순 고객
추천 지수NPS[14]는 미국 기업 중 최고인 90점대를 기록했다.

2009년에 자포스를 인수한 아마존은 '밖에서 안으로의 사고'
를 표출하는 특별한 조직 문화를 가지고 있다. 2017년 3월, 아마존

의 직원 수천 명이 모인 회의장에 제프 베이조스가 모습을 드러냈다. 연단에 선 그는 미리 준비된 질문 하나를 읽었다. "두 번째 날은 어떻게 되는 건가요?"[15] 베이조스는 말했다. "두 번째 날? 그날은 정체의 날입니다. 정체는 의미의 상실로, 고통스러운 절망으로, 그리고 결국 죽음으로 이르게 됩니다." 청중석에서는 웃음과 박수가 터져 나왔다. 잠깐 뜸을 들이면서 살짝 미소를 지은 베이조스는 다음과 같은 말로 발표를 마무리했다. "그래서 우리는 언제나 첫 번째 날이어야 합니다."

2020년 기준 아마존의 시장 가치는 1조 2,000억 달러가 넘고, 브랜드 가치는 4,159억 달러다. 동종 업계 세계 1위를 차지하고 있지만 아마존과 베이조스에게 두 번째 날은 존재하는 않는 날이다. 제프 베이조스는 아마존 본사 사옥의 이름을 '데이 원Day1'이라고 지었고, 지난 30년간 직원들에게 매일 매일 아마존이 첫 번째 날인 것처럼 일하라고 격려했다. 그의 행동은 기업 블로그 제목이며, 매년 주주들에게 보내는 편지에 반복적으로 등장하는 주제이기도 하다. 과거 대기업이 시장을 지배했던 방식을 탈피하겠다는 의지이기도 하지만 기존의 유산에 신경 쓰지 않는 스타트업처럼 첫 번째 날이란 '발명의 코드'다. 온라인 서점으로 시작한 아마존은 AWS(클라우드 서비스), Retail(아마존 유통), PRIME(유료 회원제 서비스) 등으로 확장되었다. 아마존은 발명에 성공할 때마다 다시 첫 번째 날로 돌아가 다음 발명을 모색한다. 시애틀 도심 인근에 있는 사우스 레이크 유니언South Lake Union의 한 신축 건물의 이름은 '재발명Reinvent'이다. 두 번째 날이 곧 죽음이 되는 오늘날 비즈니스 세상에서 아마존의 생존 전략은 언제나 첫 번째 날이다.

다국적 커피 전문점인 스타벅스가 2007년에 위기를 극복한 방법도 첫 번째의 날의 소환으로 변신을 꾀했기 때문이다. 2000년 들어 폭발적으로 매장 수가 증가하자 매출세는 연평균 20퍼센트 증가했지만, 그 이면에는 서서히 균열이 포착되고 있었다. 영국에서는 코스타, 캐나다에서는 팀호튼, 한국에서는 엔젤리너스, 카페베네 등 로컬 도전자의 거센 도전에 시달리게 되었다. 설상가상으로 컨슈머 리포트의 시음 테스트에서 맥도널드의 맥카페가 스타벅스보다 낫다는 평가가 발표되었고, 판매량을 늘리기 위해 원두를 미리 로스팅한 후 분쇄해 담아두거나, 거품을 내지 않고 커피를 만드는 식의 부실한 제조 방식으로 제품 경쟁력까지 밀리게 되었다. 스타벅스의 주가는 2007년 한 해에만 반 토막이 났다. 이것이 제프 베이조스가 말한 두 번째 날의 구체적인 모습이다.

추락의 위기에서 경영 일선에서 은퇴한 창업자 하워드 슐츠가 변신의 첫걸음을 시작한다. 하워드 슐츠는 창업의 순간, '데이 원으로 돌아가자'는 변화의 지향점을 정한다. 그는 2008년 2월 26일, 전 세계 7,100개 전 매장의 문을 세 시간 동안 닫고, 약 15만 5,000명의 바리스타에게 에스프레소 추출 및 서비스 프로세스 교육을 실시했다. '스타벅스 리더십 콘퍼런스'도 부활시켜 매장 매니저들에게 스타벅스의 공유 가치와 리더십을 각인시켰다. 또한 글로벌 매장 매니저들이 직접 하워드 슐츠에게 보고하는 핫메일 체계를 구축하여 경영진이 볼 수 없는 현장의 다양한 문제점을 즉각적으로 수정 및 개선토록 했다.

2009년 하워드 슐츠가 창업의 순간, 데이 원으로 회귀한 이후 연평균 11퍼센트의 매출 성장률과 영업 이익률 17퍼센트를 유지하면서 식음료 업계에서는 이례적인 두 자리 수 영업 이익률의 역사를 썼다. 2020년 기준 스타벅스의 매출액은 30조 원, 매장 수는 약 3만 3,000개에 달한다.

아무리 우수한 제품이나 서비스도 장기적으로 범용화의 덫에서 완전히 자유로울 수는 없다. 다만 범용화가 가지는 악영향을 최대한 줄이기 위한 노력을 해야 하는데 다음의 그래프는 시장에서 원하는 영향력과 실행을 위한 노력의 정도에 따라 수준을 제시했다.

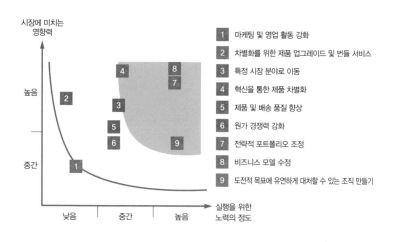

| 실행 대비 영향력의 우선순위 |

높은 실행력으로 시장에 강력한 영향력을 행사하고 싶다면 '비즈니스 모델을 수정(8)'하거나 '전략적 포트폴리오를 조정(7)'해야 한다. 푸른색의 영역이 탈범용화를 이뤄 잠재적 수익을 창출할 가능성이 큰 방법이다. 우선순위의 선정 및 적용은 현재 기업이 처해져 있는 범용화의 정도에 따라 달라질 수 있으나 실행을 위한 노력의 정도가 낮을수록 독점적이며, 차별화되고, 수익성이 좋은 제품으로 되돌릴 수 있는 가능성은 낮아진다.

도루코의 사례로 돌아가 보자. 앞서 도루코가 독점적인 시장 지배력을 가지고 있었으나 수입 자유화 조치로 외국산 면도기가 국내에 들어오면서 90퍼센트인 시장 점유율이 20퍼센트대로 뚝 떨어졌다고 설명했다. 이때 도루코는 '혁신을 위한 제품 차별화(4)'를 선택하고 오로지 기술 개발에 올인했다. 회사 경영의 모든 우선권을 연구개발에 뒀다. '도전적 목표에 대처할 수 있는 조직 만들기(9)'를 위한 영업 조직도 새롭게 확대했다. 이렇게 4번과 9번에 투자하는 사이 조금씩 시장을 되찾기 시작했다. 90년대 말 외환위기 때도 같은 전략을 실행했다. 2020년 현재 도루코의 매출액은 4,000억 원에 달하며, 매출의 70퍼센트가 수출에서 나올 정도로 해외에서도 제품력을 인정받는 강소 기업으로 성장했다.

미국 최대 모기지 회사인 패니 메이Fannie Mae의 CEO인 프랭클린 레인즈Franklin Raines는 "어떠한 것도 범용 상품이 될 수는 없다. 우리의 전략은 주택 대부금도 범용 상품에서 벗어나 차별화시키는 것이다."라고 말했다. 사실 새로운 고객 기반, 혁신적 제품의 제공과 차별화된 가치의 확장, 심지어 하나밖에 없는 독점적 솔루션마저도 영원한 경쟁 우위를 보장해 주지는 못한다. 그러나 계속해서 '밖에서 안으로의 사고'를 바탕으로 시장의 변화를 읽고 고객의 니즈를 최대한 만족시키기 위해 변신을 거듭하는 기업이라면 벗어나지 못할 범용화의 덫도 없다. 사람들은 그러한 기업을 'Great Company'라 부른다.

Point

독점적인 시장 지배력을 가지고 있어도 범용화의 덫에서 완전히 자유로울 수는 없다. 범용화의 덫에서 벗어나기 위해서는 경험적 지식과 매몰 비용에 사로잡혀 기존 비즈니스 모델에 대한 집착에서 벗어나 산업의 경계 밖을 보는 '밖에서 안으로의 사고'가 필요하다.

무엇으로 차별화하지?

애플은 역사상 가장 강력한 기업이다. 애플의 시가 총액이 미국 상장 역사상 처음으로 2조 달러(2020년 8월 20일 기준)를 상회했다. S&P 500에서 200개 중소기업을 모두 합친 것과 맞먹는 이 수치는 애플이 지난 2018년 8월 시총 1조 달러를 넘긴 지 불과 2년 만에 달성한 것으로 1956년 포드 이후 가장 성공적인 기업 공개로 평가받으며 진가를 발휘하고 있다. 하지만 2003년만 해도 애플의 주가는 10년 이래 최저가인 6.54달러를 기록하며 바닥을 알 수 없는 추락을 경험하며 풍전등화에 처했다. 그런 위기에도 불구하고 애플이 지난 20년간 다양한 새로운 영역의 제품을 내놓으며 역사상 가장 큰 반전을 이루게 된 배경에는 스티브 잡스, 팀 쿡의 리더십과 혁신, 사용자 편의성, 디자인을 빼놓을 수 없다. 하지만 그것만으로는 애플의 성공을 단정 지을 수 없다.

애플은 2007년에 현재 사용되고 있는 스마트폰의 원조라 평가받는 아이폰을 출시했다. 디자인, 혁신성, 사용자의 용이성, 품질 등에서 박수갈채를 받으며 아이폰은 출시 후 첫 2분기 만에 1억 1,500만 달러의 수익을 벌어들였다. 당시 아이폰의 기본형 가격은 일반 휴대전화에 비해 다섯 배 비싼 499달러였다. 그런데 애플이 IT 분야의 럭셔리 브랜드로 인식을 심어줄 무렵인 2008년 7월, 50퍼센트 이상의 가격 할인을 단행한다. 이러한 가격 인하 조치 이유에 대해 스티브 잡스는 "더 많은 사람들에게 아이폰이 더 적당한 가격으로 구입하도록 하기 위함"이라고 언급했다. 과연 이 말을 믿어야 할까? 스티브 잡스의 이 주장은 50퍼센트만 맞다.

아이폰 출시 1년 후 소비자 연구 기관에서 스마트폰 총 사용 시간 중 스마트폰의 본질, 즉 통화하는 데 시간이 차지하는 비중이 어느 정도 되는지 조사했다. 조사 결과 아이폰을 제외한 다른 스마트폰 사용자들은 70퍼센트가 넘어서는 반면, 아이폰 사용자들은 45퍼센트 정도밖에 되지 않았다. 참고로 전 국민 모바일 메신저인 카카오톡은 2010년 3월에 출시했다. 요약해 보자면 아이폰 사용자들은 스마트폰의 본질인 통화보다는 지도, 주식 시세, 메일, 카메라 등의 아홉 가지 앱을 사용하는 데 총 사용 시간의 55퍼센트를 할애하고 있었던 셈이다. 지금 보면 뻔한 결과라고 인식하겠지만 13년 전에는 충격적인 사실이었다.

이후 애플은 2008년 7월 11일, 응용 소프트웨어 거래 장터인 '앱스토어App Store'를 선보임과 동시에 아이폰의 가격을 내렸다. 일반

개발자에게 애플의 앱스토어라는 플랫폼에서 자신이 개발한 애플리케이션을 자유롭게 등록하고 직접 가격도 정할 수 있게 했다. 그리고 앱스토어에 애플리케이션을 등록한 개발자에게는 판매 수익 1달러당 70센트를 지급했다. 앱스토어가 서비스를 시작한 지 3일 만에 앱을 다운 받은 횟수는 1,000만 번을 넘어섰다. 애플은 2019년 기준 앱스토어에서만 약 58조 원의 매출을 달성했다.[16] 다시 강조하지만 누적이 아닌 1년 매출액이다. 애플은 이날 2008년 이후 앱 개발자들에게 총 약 180조 원을 지급했다. 이를 통해 앞서 스티브 잡스가 "더 많은 사람이 아이폰을 더 적당한 가격으로 구입하도록 하기 위함"이라고 언급한 이 말이 50퍼센트만 맞는 것에 대해 이해되었을 것이다.

애플의 사례가 전해주는 교훈은 뭘까? 제품의 본질은 품질, 디자인, 기능, 가격과 같은 요인에 의해 결정되지만 기업의 성운은 제품의 본질에 +a의 가치를 얼마나 창출해내느냐에 달려 있다. 아이폰이라는 본질에 앱스토어라는 +a의 가치를 창출해 낸 애플의 능력이 진정한 게임 체인저였던 것이다.

新 성장 동력 창출 전략

기업의 가장 큰 고민은 뭘까? 삼성경제연구소와 위클리비즈가 공동으로 CEO 390명을 대상으로 조사한 결과 응답자의 55.6퍼센트가 '신사업을 통한 성장 동력 발굴'을 가장 큰 고민으로 꼽았다. 세계 경제가 코로나19로 인한 불확실성과 공포감이 확산되는 가운데 과연 기업이 내년도 사업 계획에 새로운 성장 동력 발굴을 집어넣는 것이 현명한 일일까? 경기가 어렵다고 미래의 먹거리 발굴을 포기하거나 연기하는 것은 장기 성장을 포기하는 단견에 불과하다. 기업이 영속적으로 존재하기 위해서는 기존 비즈니스모델이 성숙기에 진입하기 전에 성장할 만한 새로운 비즈니스 모델을 발굴하는 것이 중요하다. 그러나 그게 말처럼 쉬운 일인가. 현존하는 세계 최고의 전략 연구가이자 경영 사상가로 불리는 게리 하멜Gary P. Hamel 런던대 비즈니스스쿨 교수도 "신사업의 성공 확률은 라스베이거스에서 돈을 딸 확률보다 낮다."고 주장했다.

그런데 도박보다 더 낮은 성공 확률에도 불구하고 신성장 동력 발굴에 투자해서 성공하는 기업은 도대체 어떤 승자의 법칙을 활용하는 걸까? 인생에서 정답이 없듯 경영에서도 정답은 없다. 다만 도박의 비율을 낮추면서 애플이 성공한 것처럼 본질에 +a의 가치를 창출해내는 전략을 활용하면 성공 가능성은 커진다.

좀 더 실질적인 이해를 돕기 위해 구글과 애플, 아마존 같은 머나먼 남 얘기가 아닌 우리와 처지가 비슷한 국내 기업의 사례를 적용해보자. 메가스터디는 대한민국의 온라인 교육 서비스 기업이다. 2000년 7월에 서비스를 시작하면서 지난 20년간 교육 서비스의 패러다임을 바꾸고, 2004년 코스닥 시장에 상장하면서 빠르게 성장한 국내 상장 기업이다. 메가스터디 손주은 대표에게 성공의 비결을 물어보니 "메가스터디가 온라인 교육을 시작한 선발 업체이긴 하지만, 그것이 곧 성공으로 직결되었다고 보지는 않습니다. 다른 학원에 비해 보다 더 다양한 서비스를 제공한 것이 수험생들과 학부모들에게는 매력적으로 다가간 것 같습니다."라고 한다. 좀 더 구체적인 사례로 의미를 이해해보자.

온라인 교육 시장에서의 본질은 뭘까? 콘텐츠의 질과 강사의 역량이다. 그래서 메가스터디가 사이트를 오픈하고 서비스를 시작할 당시 가장 중점을 두었던 부분이 바로 우수한 강사진의 확보였다. 그 이유는 어떤 소비자들보다 수험생 소비자들이 가장 보수적이기 때문이다. 일반 소비자들은 가격이나 기능 등에 따라 다양한 제품들을 새롭게 접근한다. 하지만 수험생 소비자들은 가격보다 품질을 따지고 검증되지 않는 서비스에 리스크를 절대 투자하지 않는다. 많은 사람들의 검증이 거치고 긍정적 평판이 있는 경우에만 구매 버튼을 누른다. 구매 버튼을 누른 결과를 살펴보면 2019년 전체 수능 만점자 9명 중 6명이 메가스터디의 수강생이었다. 서울대 경제학부에 합격한 정현○ 학생은 "메가스터디에서 강의를 해주시는 선생님들의 실력과 콘텐츠를 고려해볼 때, 이분들을 한 분도 빠짐없이 모두 수강할 수 있다는 점에서 타 사교육 업체들과는 비교 불가한 경쟁력을 갖추고 있다."라며 합격 후기를 남겼다. 이런 보수적인 학생들이 선택한 스타 강사 한 명에 의해 발생된 1년 매출액은 100억 원에 달한다.

콘텐츠의 질과 우수한 강사진이라는 본질이 확보되었다면 이것으로 비즈니스모델이 완성된 걸까? 스타 강사는 살아있는 기업이다. 만약 스타 강사에게 더 많은 연봉을 준다고 하면 바로 옮겨가지 않겠는가. 이런 분들에게 조직에 대한 헌신을 강요할 수 없다. 따라서 온라인 교육시장의 본질인 우수한 강사진의 관리에는 한계가 있다.

그렇다면 방법은 본질에 +a의 가치를 창출해야 한다. 수험생들의 궁극적인 목적은 뭘까? 좋은 강의를 듣는 것이 아니라 좋은 대학에 가는 것이다. 물론 좋은 강의가 좋은 대학에 가기 위한 중요한 방법이긴 하지만 그것만이 전부는 아니다. 메가스터디는 금융 업계에서나 사용되던 통합 콘택트 센터를 업계 최초로 도입해 전화, 이메일, 웹 게시판 등 학생들이 이용하는 모든 채널을 통해 고객 문의를 통합적으로 관리할 수 있는 시스템을 구축했다. 뿐만 아니라 업계 최초로 학력 평가 풀서비스 시스템을 도입했다. 학력 평가 풀서비스는 전국 모의고사 시험 당일 오후 채점 서비스와 함께 각 영역 대표 강사들의 꼼꼼한 해설 강의와 출제 경향 분석 강의를 무료로 제공한다. 또한 다음날에는 개인별로 틀린 문제만 모아 해설 강의와 함께 오답노트를, 영역별로 취약 단원 분석은 물론 영역별 등급, 전국 예상 석차까지 제공한다. 학생들은 성적표가 나오기도 전에 개인별 성적 분석이 가능하게 된 것이다. 이 학력 평가 시스템 역시 현재는 업계에서 일반화되었다.

메가스터디의 또 다른 +a의 전략으로 입시 설명회를 빼놓을 수 없다. 메가스터디는 사이트를 오픈하기도 전인 2000년 8월 설명회를 열었다. 당시 7,000여 명의 학부모와 학생들이 참여하며, 따로 홍보가 필요치 않을 정도로 학생과 학부모 사이에 입소문이 널리 퍼졌다. 이제 매년 1만여 명 이상의 참가자가 몰리는 메가스터디의 설명회는 학생과 학부모에게 중요한 연례행사로 자리 잡았다.

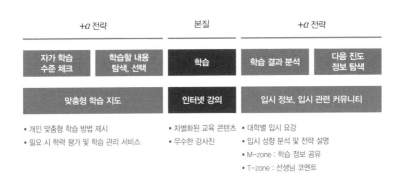

| 메가스터디 +a 전략의 확장 |

　메가스터디의 +a 전략은 수능이든 내신이든 수험생이 맞닥뜨린 모든 난관을 극복하게 조력자 역할을 해준다. 이런 +a 전략 덕분에 "로마에 가면 로마의 법을 따르라."는 속담처럼 "대학에 가려면 메가스터디의 법을 따르라."는 말까지 생겨났다. 메가스터디의 +a 전략을 전략 캔버스로 보면 다음과 같다. 전략 캔버스는 가로축은 비교 요소를, 세로축은 정량적인 수준치를 표시하여 자사 제품의 차별점을 찾을 때 활용하는 전략 기획 방법이다.

　가격 항목을 보면 EBS가 압도적 우위를 점하고 있다. 하지만 메가스터디는 '강의 생동감', '입시 정보 분석력', '고객 정보 분석력'이

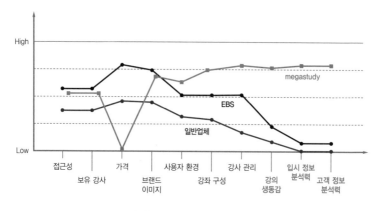

High

megastudy

EBS

일반업체

Low

접근성	가격	사용자 환경	강사 관리	입시 정보 분석력
보유 강사	브랜드 이미지	강좌 구성	강의 생동감	고객 정보 분석력

| 메가스터디의 전략 캔버스 |

타 경쟁사에 비해 비교 우위에 있기 때문에 가격의 약점을 상쇄한
다. 메가스터디는 경쟁사인 EBS 수능 강의가 거의 100퍼센트 스튜
디오 녹화로 제작되는데, 강사가 카메라만 응시하다 보니 현장감이
떨어지고 결과적으로 오래 집중하기 힘들다는 약점을 파악하여 업
계 최초로 현장 강의로 제작했다. 추가 비용 투자 없이 학생들이 강
의장에 있는 생생한 현장감과 생동감을 느낄 수 있도록 학습 몰입
도를 끌어올렸다.

수험생 10명 중 6명이 메가스터디 회원이다. 즉 비회원인 40퍼센
트를 제외하고 메가스터디 회원들의 점수만 가지고 분석을 해도 신
뢰도가 60퍼센트가 넘는다는 의미다. 매년 차곡차곡 쌓여진 메가스
터디의 DB는 200만 명이 넘고 신뢰도는 시간이 지날수록 높아진다.
상황이 이러하니 교육부나 경쟁사가 가진 DB 분석 결과보다 메가스
터디의 입시 정보 분석의 결과를 학부모들이 우선적으로 신뢰한다.

메가스터디의 DB는 고객 정보 분석력을 바탕으로 새로운 사업을 창출하게 해준다. 메가스터디의 비즈니스 모델의 문제점은 수험생이 대학에 들어가면 관계가 단절된다는 점인데, 이는 수험생이 평생 고객이 될 수 없다는 의미다. 메가스터디가 고객 정보를 분석해 보니 자기 주도 학습이 가능한 수능 1~3등급에 해당되는 학생이 주로 메가스터디의 회원으로 등록되었고, 이들의 5~10년 후를 분석한 결과 의치학 및 법학 전문대학원에 진학할 확률이 높다는 것으로 나타났다. 그래서 탄생된 교육 서비스가 mega MD와 메가로스쿨이다. 이런 방향성을 알고 일반 입시 학원에서 시도했지만 대부분 실패했다. 하지만 메가스터디는 정확한 고객 정보 분석을 바탕으로 맞춤형 홍보가 가능했고, 무엇보다 이전에 메가스터디를 통해 대학을 입학한 선례와 신뢰도가 있기 때문에 성공할 확률이 높았다.

애플의 사례에서 교훈을 얻은 것처럼 메가스터디 역시 교육 서비스의 본질은 콘텐츠와 강사진에 의해 결정되지만 기업의 성운은 '강의 생동감', '입시정보 분석력', '고객정보 분석력'과 같은 $+a$의 가치를 얼마나 창출해 내느냐에 달려 있음을 알 수 있다.

생존 확률을 높이는 방법

2009년 인도의 다국적 자동차 기업인 타타 모터스Tata Motors는 전 세계에서 가장 저렴한 2,500달러 나노Nano를 출시했다. 일반 자동차의 반값도 안 되는 가격 경쟁력은 물론 디자인과 뛰어난 내구성에 찬사가 쏟아졌다. 하지만 '저렴한 가격'의 본질을 내세우는 전략은 더 이상 통하지 않았다. 나노는 출시 1년 동안 잦은 결함과 낮은 브랜드 이미지 등의 영향으로 월평균 판매 대수가 500대에 불과했다. 나노의 근본적 실패 원인은 제한적 융자 및 보증 프로그램과 보상 판매 시스템, 허술한 딜러 연결망과 같은 +α의 가치 창출을 간과했기 때문이다. 지난 수십 년간 경영학은 대다수의 기업들이 나노의 사례처럼 본질과 같은 핵심 전략에는 충분히 집중하면서 자사의 +α의 전략에는 신경쓰지 않게 했다. "새로운 분야로의 진출은 피하고, 더 나은 핵심 제품을 만들어 높은 가격을 책정하라."고 충고했다. 그 어디에도 +α 전략이 들어설 자리는 없었다. 이러한 처방이 사업을 바라보는 시야를 좁게 만들고 신성장 동력의 경계를 제한적으로 규정하는 원인이 된다.

본질만 가지고 승부를 내는 시대는 끝났다. 제품이나 서비스를 본질로 한정 짓는 근시안적 사고의 본능을 극복해야 한다. 이를 위해서는 고객이 제품을 구입할 때 제품의 어떤 점이 좋았는지만 물어보지 말고 어떤 '+α'가 있으면 더 유용할 것 같은지 물어보라. 신성장 동력의 창출은 완전히 새로운 제품이나 서비스의 제공이 아니라 제품 간 연결 관계에서 생겨난다.

국민 메신저인 카카오톡은 톡 자체 서비스(본질)보다는 카카오프렌즈(+α1), 이모티콘(+α2), 샵탭(+α3), 톡스토어(+α4) 등을 통해 더 많은 돈을 벌었다. 특히 카카오프렌즈(+α1)는 이제 명실상부한 밥줄의

| 일대다 | | 다대일 |

| 신성장 동력의 창출 |

하나로 인형 등 판매 수익, 로열티 매출액만 100억이 넘는다. GM은 자동차 판매(본질)보다 계열 금융사인 GMAC의 자동차 금융(+α)을 통해 더 많은 돈을 벌었다.

+α 전략은 신사업 추진 시 매력도와 적합도가 높다. 사업의 매력도는 매출 및 이익 발생의 가능성, 시장 성장률, 시장 세분화의 위험 분산도, 업계 구축의 가능성, 경쟁 상황의 분석 등과 같은 요소가 있다. 사업의 적합도에는 제품 및 서비스 운영 능력의 적합성, 마케팅 능력의 적합성, 자금력의 정도, 경영층의 사업 지원과 이해도 등이 포함된다.

다음 그림은 신규 사업의 '성공 곡선success curve'으로, 약간 누운 S 커브 형태로 나타난다. 그림에 따르면 본질만을 추구하는 전략은 120점 만점에 70점을 받고 생존 확률은 30퍼센트였으나, +α 전략을 추구하는 전략은 85점을 받고 생존 확률은 80퍼센트에 달한다.

+α 전략은 이미 구축된 본질에 가치를 더하기 때문에 매력도와 적합도가 높고 사업의 리스크가 낮기 때문에 성공확률도 높다.

+α 전략이 성공하기 위해서는 제품이나 사업의 경계를 너무 좁

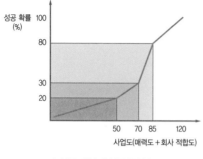

성공 확률 100
(%)
80

30
20

50 70 85   120
사업도(매력도 + 회사 적합도)

| 신규 사업의 성공 곡선 |

은 범위로 한정 짓지 않는 것이 좋다. 그렇다고 사업의 경계를 지나치게 넓혀 본질과 관계없는 사업의 영역으로 확대하는 것은 더욱 위험하다. 2001년 스팀 청소기를 출시한 한경희생활과학은 두 집에 한 집 꼴로 팔리면서 '국민 청소기'라 불렸다. 그런데 이후 스팀이라는 본질과 관계없는 주방 팬, 죽 마스터, 샤워 필터, 식품 건조기, 냄비 세트 등의 제품군을 우후죽순으로 늘리면서 위기에 봉착했다. +a 전략의 신사업 추진 시 본질과의 연결 관계, 매력도와 적합도 분석이 반드시 선행되어야 한다.

Point

본질만 가지고 승부를 내는 시대는 끝났다. 본질에 +a의 가치를 창출해내는 전략을 활용하면 성공 가능성은 커진다. 새로운 성장 동력의 창출은 완전히 새로운 제품이나 서비스의 제공이 아니라 제품 간 연결 관계에서 생겨나기 때문이다.

PART 2

Performance

성과주의의
새로운 대안을 제시하라

"길을 아는 것과 그 길을 걷는 것은 다르다."

영화 매트릭스 The Matrix

야근 없이 생산성을
높이는 법

아무런 예고와 대책 없이 전 세계가 코로나19 사태를 경험하면서 기업과 구성원들은 무슨 일을 어떻게 해야 할지 수많은 시행착오를 겪어야 했다. 그런데 한편으로는 직접적인 만남이 없어도 일과 조직이 돌아가는 것을 보며 오히려 효율성이 좋아졌다는 얘기도 들린다. 비극적인 코로나19 사태는 지금 우리가 업무의 생산성을 높이기 위해 다시 돌아봐야 할 때임을 일깨워줬다.

생산성이란 생산 과정에서 생산 요소를 얼마나 효율적으로 결합하였는가의 정도를 말하는데, 투입된 자원에 비해 산출된 생산량이 어느 정도인지를 대변하는 척도이다. 다음 표에서 보듯 생산성을 높이기 위해 분모를 줄이고 분자를 늘이면 되는데, 대부분의 기업은 분모보다는 분자를 늘이는 데 손쉬운 노력을 들였다.

$$생산성 = \frac{얻은\ 성과(Output)}{투입\ 자원(Input)}$$

그 전형적인 예가 판매하는 상품이나 서비스의 부가 가치와 가격을 올리거나 같은 가격에 내용물을 살짝 줄이는 형태다. 하지만 이러한 행위는 고객을 납득시키지 못하면 성공할 수가 없다. 비도덕적이라는 사회적 평판만 훼손시킬 뿐이다.

전통적으로 '생산성 향상'이라고 하면 분모를 줄이는 방법으로 '비용 절감'의 사고방식이 뿌리 깊게 남아 있다. 이면지 사용, 전기 절감, 일회용 제품 줄이기, 출장 최소화, 이코노미석 탑승, 컬러 출력 줄이기 등 계속해서 비용 삭감만을 추구하다 보면 생산성 향상은커녕, 창의적인 발상에 필요한 마음의 여유조차도 제거하게 되어 심리적 저항감과 위계적 조직 문화만 양산할 뿐이다. 하버드 경영대학원의 란제이 굴라티[Ranjay Gulati] 교수와 나틴 노리아[Nitin Nohria] 교수는 불황 속 기업의 대처 방안에 관한 흥미로운 연구 결과를 발표했다.[17] 연구팀은 1980, 1990, 2000년대에 있었던 경기 침체 기간에 기업들이 어떤 조치를 취했고, 불황기가 끝난 후 어떤 성과를 거두었는지 조사했다. 무려 4,700개의 상장 기업을 대상으로 혼란기 이전 3년과 혼란기 이후 3년을 함께 분석했다. 연구 결과 구조 조정과 판매 관리비, 시설 투자비, 연구 개발비 등 비용 절감에만 몰두한 기업의 성과가 가장 낮게 나타났다. 굴라티 교수의 연구 결과에서 보듯 오늘날 아래 표의 회색 영역인 비용 절감 중심의 생산성 향상은 절대적인 한계에 직면했다. 마른 수건만 쥐어짜서는 물은 나오지 않고 손만 아픈 결과를 가져올 수 있음을 깨닫게 되었다.

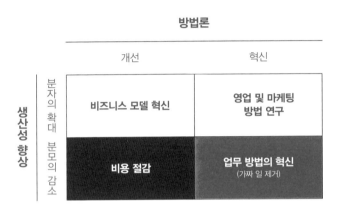

| 생산성 향상 방법론 |

우리는 평소에 얼마나 생산적인 일을 할까? 오랜 시간 일한다고 더 많은 성과가 나올까? 취업 포털 인크루트가 직장인 963명을 대상으로 근로 시간 실태를 조사한 결과 2020년 기준 일평균 근로 시간은 9.1시간으로, 이는 계약서상의 근로 시간 8.2시간보다 약 한 시간 더 많이 일하는 것으로 나타났다. 미국의 노동통계국에 따르면 미국 근로자의 2020년 하루 평균 근로 시간은 8.5시간이었다. 우리나라 직장인의 근로 시간은 전반적으로 감소하고 있지만, 여전히 다른 국가보다 길게 근무하는 것으로 나타났다.

하지만 다른 나라보다 바쁘고 열심히 일한다고 생산성이 높다고 생각하는 사람은 많지 않다. 응답자들은 근무 시간 중 생산적인 시간이 57퍼센트에 해당하는 5.2시간(점심식사 시간 제외)에 불과하다고 응답했다. 바꿔 말하면 근무 시간의 43퍼센트인 3.9시간은 생산성과 무관한 시간이란 뜻이다. 생산성이 있는 시간만을 주 단위로 환산하면 주 26시간으로, 이는 주 5일 근무 중 3일 만에 성과를 낼 수 있다는 이야기다.

이를 증명하듯 MIT의 한 연구를 보면, 근로자들은 필요 이상으로 너무 많은 시간을 직장에 할애한다고 한다. 미국 노동통계국에 의하면 1950년대 근로자 한 명당 주당 40시간 일해서 생산한 것을 오늘날의 근로자 한 명이 생산하려면 주당 평균 11시간만 일하면 된다는 것이다.[18] 이러한 현상은 유럽과 일본에서도 같은 양상을 보인다. 우리는 여기서 조심스럽게 결론을 내릴 수밖에 없다. 알맹이 있는 시간만을 뽑아 낸다면 주 최소 11시간에서 최대 26시간만으로도 지금과 같은 성과를 낼 수 있다. 물론 일정 시간 동안 제품을 생산해야 하는 직무는 제외다. 예측컨대 몇 년 이내로 주 52시간의 적절성 여부는 도마 위에 오르게 될 것이고 적게 일하고 생산성을 높이는 기업이 미래를 선도할 것이다. 이렇게 되면 이른바 나인투식스(9 to 6, 아홉 시에 출근해 여섯 시에 퇴근하는 형태)로 정형화된 출퇴근 제도는 공인인증서가 21년 만에 사라진 것처럼 역사 속으로 사라질 것이고, 이후 직원들은 필요할 때 출근해서 생산적인 일만 하고 퇴근하면 된다.

생산성 향상 방법론

물론 주당 11~26시간만 근무하고 생산성을 높이려면 전제조건이 필요하다. 근무 시간의 43퍼센트인 3.9시간, 즉 '생산성 향상 방법론'의 주황색 영역에 해당되는 생산성과 무관한 가짜 일^{fake work}을 모두 제거해야 한다.

미국의 프로 복서 플로이드 메이웨더 주니어^{Floyd Mayweather Jr.}는 50전 50승의 무패 복서다. 메이웨더는 슈퍼 페더급부터 시작해 라이트급, 라이트 웰터급, 웰터급, 슈퍼 웰터급까지 단계를 밟아가며 한 번도 패하지 않았다. 진 적도 비긴 적도 없다. 오로지 승리뿐이었다. 그가 21세기 최고 복싱 슈퍼스타 자리를 유지한 비결은 생산성과 무관한 행동을 줄이는 효율적인 복싱을 추구했기 때문이다.

대다수의 복서는 투혼과 근성을 앞세워 끝없이 주먹을 휘두른다. 하지만 메이웨더는 상대에게 닿지 않을 주먹은 잘 내지 않는다. 가짜 주먹을 줄이고 체력을 비축한다. 주먹을 적게 낸다고 해서 적게 맞추는 것은 아니다. 적게 내고 명중률을 높이는 거다. 2009년 멕시코의 레전드 복서인 후안 마누엘 마르케스^{Juan Manuel Márquez Mendez}와 경기한 통계 결과를 보면 마르케스는 경기 내내 583번의 주먹을 냈고, 그중 12퍼센트인 69개를 명중시켰다. 반면 메이웨더는 496개의 주먹을 내면서 그중 59퍼센트인 290개를 명중시켰다. 마르케스보다 다섯 배나 높은 명중률이다. 메이웨더가 전승을 거두고 전 세계에서 가장 많은 돈을 번 스포츠 스타가 된 배경에는 무작정 주먹을 휘두르지 않고 상대를 맞추는 생산적인 복싱이 있다.

가짜 일은 회사의 전략과 목표와는 관계없이 투혼과 근성을 앞세워 무작정 허공을 향해 휘두르는 주먹과 같다. 조직의 성과와 관계없이 눈속임으로 자신의 유능함을 드러내기 위한 일, 의미 없는 서류 작업 및 보고 절차, 불확실한 상황에서 검토라는 핑계로 시간을 낭비하는 일, 조직의 자원을 개인을 위해 사용하는 일, 내부 경쟁에서 승리하기 위해 가해지는 정치적인 성격의 일, 자신의 책임에서 벗어나기 위해 주변인을 끌어들이는 일, 이 모든 것이 가짜 일이다. 따라서 가짜 일은 생산성에 아무런 도움이 되지 않는 헛된 일이다.

생산성을 높이기 위해서는 '시간적 여유'가 필요한데 생산성이 경시되고 장시간의 근무를 암묵적으로 독촉하는 지금의 구조로는 새로운 아이디어나 혁신에 투자할 시간적 여유가 없다. 리눅스Linux 창시자인 리누스 토르발스Linus Torvalds도 "장시간의 근무에도 불구하고 촌각을 다투는 조급함이나 출퇴근 시간처럼 정해진 테두리 안에서 흥미로운 그 어떤 것을 창조하는 것은 사실상 불가능하다."라고 비판했다.

다음 표의 A사와 같이 정규 업무 시간 중 43퍼센트인 3.9시간은 생산성과 무관한 일을 하고 이것도 부족해 야근을 한다. 과연 야근이 생산적인 시간일까? 가짜 일은 또 다른 가짜 일을 잉태하며 야근으로 이어진다. 상당수의 사람들이 자신이 가짜 일을 하고 있다는 것을 아예 모르거나 그것을 일으키는 원흉이 본인이라는 사실을 모른다. 일을 잘하는 사람들은 별로 바빠 보이지 않으면서도 생산적인 일에다 혁신적인 일까지 하는데(B사), 일을 잘하지 못하는 사람은 오히려 더 바빠 보이며 야근까지 한다(A사). 세계적인 베스트셀러 작가이자 심리학자인 웨인 다이어[Wayne Dyer]는 "자기 책상을 떠날 수 없을 정도로 회사 일에 충성하는 사람은 바로 그 자리에 앉아 있을 자격이 없는 사람이다."라고 꼬집어 지적한다.

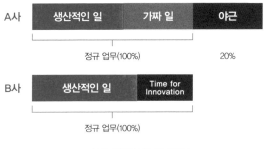

| 두 기업의 생산성 비교 |

재밌는 일은 야근에 대한 이중적인 인식이다. 잡코리아가 직장인 300명을 대상으로 설문조사를 한 결과 210명인 70퍼센트가 야근을 하는데, 본인이 야근을 하는 이유로 52퍼센트가 "업무량이 많아서"라고 대답했으나 야근을 하는 다른 사람에 대한 인식은 미련한 사람, 능력 없는 사람, 시간 관리를 못하는 사람 등 부정적인 답변이 93퍼센트에 달했다.

그렇다면 왜 사람들은 A사와 같이 열심히 야근까지 하며 가짜 일을 하는 걸까? 태만한 인간은 겉으로 보기에만 그럴듯한 일을 붙들고 법석을 떤다. 그렇게라도 하지 않으면 남에게 멸시받는다는 것

같아 두렵기 때문이다. 베트남 전쟁 당시 병사들에게 구멍을 팠다가 다시 메우라는 명령이 떨어진 적이 있었다. 검열을 받는 동안, 바쁘게 일하는 것처럼 보이기 위함이었다.

가짜 일의 속성

가짜 일은 근무시간 중 흡연, 잡담, 인터넷 쇼핑, 휴대폰 사용과 같은 딴짓과는 차이가 있다. 물론 딴짓과 가짜 일 모두 성과와 관계 없는 행위지만 그중 더 큰 문제는 가짜 일이다. 딴짓은 눈에 잘 띄기 때문에 주변의 압력으로부터 어느 정도 통제가 가능하다. 하지만 가짜 일은 바쁘게 일하는 것처럼 보이기 때문에 잡아내기가 어렵다.[19] 가짜 일은 사람을 바쁘게 만든다. 그런데 가짜 일은 머리가 아니라 시간으로 일을 하기 때문에 사람을 멍청하게 만든다. 정신없이 바쁜 상황에 몰리게 되면 지능 지수가 13포인트 떨어져 그저 하나의 길만이 유일한 탈출구로 보이는 '터널 시각tunnel vision'에 빠진다.

가짜 일은 일의 본질을 훼손할 뿐만 아니라 일정 수준 이상 자리를 잡으면 무서운 속도로 조직에 전염되어 진짜 일마저 밀어낸다. 코로나 바이러스가 전파되어 사람들이 비즈니스는 물론 일상생활까지 못하게 된 것과 같다. 모방과 학습을 통해 유해한 행동이 전염병처럼 빠르게 번지는 것이다. 인간미가 사라지고 주인 의식이 없게 만든다. 마치 단기적인 관계만 있는 용병을 양성하는 것과 같다.

이들은 분열하고, 개인적인 야심이 과도하며, 조직을 위해 헌신하지 않는다. 적게 일하고 많이 받는 것에만 관심 있고 조직이 망하면 다른 조직으로 옮기면 그만이다. 심리적 물리적 비용은 늘어나는데 조직은 이면지 사용, 전기 절감, 일회용 제품 줄이기 등 비용 절감을 위한 노력만 한다. 가짜 일을 제거해야 근본적인 문제가 해결된다는 사실을 망각한 채 말이다.

가짜 일은 문제를 해결해주는 방법을 가르쳐주는 것이 아니라 문제를 덮어서 안 보이게 하는 '플라시보placebo 효과'로 유인한다. 플라시보는 치료에 전혀 도움이 되지 않는 가짜 약제를 심리적 효과를 얻기 위하여 환자가 의학이나 치료법으로 받아들임으로써 실제로 치료 효과가 나타나는 현상을 말한다. 이런 가짜 일에 경도된 직원들이 경영에 매진할수록 기업이 풀어야 할 문제는 더욱 곪아 터져서 상처에 구더기가 생긴다. 문제가 다시 곪아 터질수록 조직은 더욱 혼돈으로 휩싸이게 되고 더 많은 사람이 더 강하고 복잡한 가짜 일을 찾아 나선다. 결국 자정 능력을 잃은 조직은 생각의 마비를 가져오고, 가짜가 진짜를 뒤엎는 조직 문화를 형성하게 된다. "제발 생각 좀 하고 일해라."는 말이 자주 들리는 조직 문화라면 가짜 약제가 제대로 효과를 발휘하고 있다고 진단하면 되겠다.

가짜 약제는 결국 이직에도 영향을 미친다. 사람들이 이직하는 것은 보상이 적어서가 아니라 가짜 일에 의한 관행들 때문이다. 자체 조사에 의하면 87퍼센트의 직원들이 매달 업무가 끝날 무렵이 되면 자신이 한 일에 대해 만족하지 못하는 것으로 나타났다. 한때는 유연하고 창조적이었던 조직이 가짜 일에 지배되면서 무의미하고 관료주의적인 늪지대가 되었다. 그럼으로써 회사는 생산성을 저지하고, 사람들의 열정과 도전 의식을 빼앗게 되었다. 문제는 이런 악순환이 반복되면서 유연하고 창조적인 인재는 조직을 떠나게 된다. 인재들은 단지 경제적 보상만을 원하지 않는다. 자신과 조직이 스스로 발전할 수 있는 진짜 일을 하길 원한다.

가짜 일을 제거하는 방법

안타깝게도 가짜 일을 완전히 제거할 순 없다. 플라나리아처럼 재생력이 강해 일부를 잘라도 계속 재생된다. 그렇다고 가짜 일을 제거하는 노력을 하지 않는다면 마치 잡초가 자라나듯 진짜 일에 필요한 양분을 모두 빼앗겨 버린다.

2007년 말 세계 휴대폰 시장의 40퍼센트 시장 점유율, 핀란드 수출 물량의 20퍼센트, 핀란드 국내 총생산GDP의 약 25퍼센트에 해당했던 공룡 기업 노키아가 몰락한 이유도 가짜 일을 방치했기 때문이다. 2013년 마이크로소프트에 인수당하기 이전까지 노키아는 권위적인 문화를 가지고 있었고, 중간 관리자들은 현재에 만족하며 복지부동하는 경향이 강했다. 누구도 달성하지 못한 엄청난 시장 점유율과 계속되는 성장에 직원들은 오만했고, 고객의 목소리를 경청하지 않고 관리자의 이목에만 집중했다. 직원들은 관리자 앞에서 유능하게 보이기 위해 조직의 성과가 아닌 관리자 개인을 위한 성과로 위장했고, 관리자가 듣기 싫어하는 사실을 철저히 감췄다. 내부 경쟁이 치열해지면서 제로섬 형태의 조직 문화를 견고하게 만들었고, 나의 승리가 전부라는 생각에 협조와 소통은 사라지면서 결국 조직도 함께 사라져 버렸다.

가짜 일을 제거하기 위해서는 먼저 시간과 생산성이 반드시 정비례하지 않다는 사실을 인지할 필요가 있다. 바꿔 말하면 근무시간이 늘어날수록 가짜 일은 더욱 잉태되어 조직의 생산성을 갉아 먹는다. 2018년 7월 1일부터 주당 법정 근로 시간이 기존 68시간에서 52시간으로 단축되었다. 그렇다면 근무 시간이 줄었으니 야근이 늘고 생산성은 낮아야 하는데, 오히려 야근은 줄고 생산성은 더욱 높아진 것으로 나타났다. 왜? 가짜 일들이 줄어들었기 때문이다.

일본전산Nidec Corporation의 나가모리 시게노부永守重信 회장은 365일 아침 6시 출근해 밤 10시 퇴근하는 하드워커로 유명하다. 리더의 업무 방식은 조직 내에 그대로 스며들게 마련이다. 그러던 어느 날 서구의 기업은 잔업을 하지 않고, 여름 휴가를 한 달씩이나 즐기고도 20~30퍼센트의 높은 영업 이익률을 달성한다는 사실을 알게 되었다. 이후 나가모리 회장은 일본전산의 일하는 방식에 근본적인 의문을 갖게 되었고, 생산성 두 배의 목표를 설정하고 대대적인 혁신을 단행했다. 그 결과 2021년 2월 기준 약 15조 원 이상의 매출을 달성했고, 잔업은 전년 대비 절반까지 줄어들었으며, 절약한 잔업 수당은 직원들의 인센티브 및 육성을 위해 사용되었다.[20]

대부분의 사람들은 자신이 속한 회사의 조직 문화가 잘못되었다는 사실을 인식조차 못하고 있다. 가짜 일에 익숙해져 아무런 불편을 느끼지 못하기 때문이다. 형식적 성과 평가, 과시적 보여주기, 권위주의, 고질적 업무 관행 역시 원래 그런 것으로 받아들인다. 가짜 일은 나의 승리가 전부라는 생각에 협조와 소통은 사라지면서 결국 조직도 사라지게 만든다. 대증 요법으로 일하는 방식에는 한계가 있다. 이런 경우에는 직원들이 왜 늦게까지 일하는지, 왜 가짜 일을 하는지, 이런 조직 문화가 바람직한지 그 본질적인 원인을 찾아내야 한다. 그러기 위해서는 숨겨진 가짜 일을 수면 위로 드러내고 조직 전체의 협조와 소통을 활성화하기 위한 채널을 마련할 필요가 있다.

IBM은 루이스 거스너Louis Gerstner의 개혁이 끝나고 상황이 호전된 2002년에 새로운 위기가 찾아왔다. 상명하달top down 방식은 고객이 원하는 속도, 유연성, 혁신을 방해하는 관료주의를 양산했고, 더 이상 시장, 고객, 동료의 소리에 귀 기울이지 않게 됐다. IBM의 기본 가치관인 개인의 존중은 기득권으로, 안정성의 추구는 거만함으로 변질되었다. 이에 당시 CEO인 사무엘 팔미사노Samuel J. Palmisano는 IBM의 가짜 일을 근절하고 새로운 조직 문화를 만들기 위해 온라인 토론 '밸류 잼Value Jam'을 실시했다. IBM의 인트라넷상에서 전 세계 5만 명의 직원이 72시간에 걸쳐 회사의 가치와 방향성에 대한 토론을 벌였다. 토론의 방식은 네 가지 정해진 주제를 바탕으로 자유롭게 실시되었다.

IBM의 가치관	IBM의 지향점
• 회사의 가치관은 존재하는가? • 만약 그렇다면 이러한 가치관을 수립하는 데 필요한 것은 무엇인가? • 오늘날 대부분의 기업은 가치관을 따르고 있다. 그러나 진정으로 그러한 신념에 따라 행동하는 기업은 어떻게 비치고 있고, 실제로 어떠한 행동을 하는가? • 그렇게 생각한다면, IBM에 있어 다양한 행동의 원동력이 되는 불변의 가치관을 정하는 것은 과연 중요한 것인가?	• IBM이 지향하는 모습이 되기 위해 필요한 가치관은 무엇일까? 다음의 리스트를 검토해 보자 – 고객에게 최선을 다함 – 혁신을 통한 탁월함 – 신뢰받을 수 있는 성실함 • 이러한 지향점은 우리가 행동하고 의사 결정을 내릴 때에 어떠한 영향을 미치는 것일까? 또한 이것 이외에 우리가 놓친 중요한 요소와 표현이 있는가?
황금률(Golden Rule)	IBM의 영향력
• IBM은 어떠한 때에 가진 힘을 최대한 발휘할 수 있는가? • IBM의 직원으로서 가장 긍지를 느낀 것은 언제이며, 그때 어떠한 일이 일어나, 어떤 점에서 특별한 의미가 있었나? • 그리고 이런 황금률을 더욱 발전시키려면 어떠한 행동이나 개혁이 필요한가?	• IBM이 오늘 밤 이 세상에서 사라진다면 내일의 세계는 어떠한 모습으로 바뀔 것인가? • IBM이 세계에 특별한 공헌을 하는 부분은 어떤 것이 있을까?

| IBM의 회사 가치와 방향성 관련 네 가지 토론 주제 |

첫 24시간은 직원들이 회사에 대한 불평불만으로 비난이 폭주해 접을 생각까지 했으나 시간이 지나면서 발전적인 논의 안이 나오기 시작했다. 3일간의 격렬한 토론을 통해 가짜 일의 관행을 바꾸는 작업을 수행했다. 아울러 경영진이 미처 몰랐던 직원들의 위기감과 도약의 필요성을 인지했고 토론을 통해 구성원들로부터 새로운 조직 문화를 만들기 위한 공감과 협력을 도모할 수 있었다.

페이스북의 해커톤hackathon도 생산성을 높이기 위한 대표적인 방법이다. 해커톤은 해킹Hacking과 마라톤Marathon의 합성어다. 혁신 기업이라고 해서 모든 직원들이 언제나 혁신적으로 일을 하는 것은 아니다. 조직이 커지면 관료주의와 다양한 관행이 생기기 마련이다. 페이스북은 이런 문제를 예방하기 위하여 창업 초기부터 해커톤을 자주 열었는데, 개발자들이 마라톤 하듯 시간에 구애받지 않고 프로그램을 만들어 실력과 아이디어를 겨루게 했다. 구성원들은 자신의 아이디어를 바탕으로 자유롭게 팀을 구성하여 실행 방안을 마련한다. 타임라인, 채팅 등 페이스북의 주요 기능이 해커톤을 통해 만들어졌다. 이러한 문화 속에 가짜 일이 자리 잡기는 쉽지 않다. 오히려 스타트업의 혁신 정신을 직원들에게 심어주고 소통과 협력의 장을 마련해주는 상징적인 문화로 자리매김하고 있다. 이런 페이스북의 성공사례가 유명해지면서 인텔, 구글, 다음, LG 등 다양한 분야의 기업들 사이에서 하나의 문화로 자리 잡고 있다.

21세기 최고의 마케터이자 작가인 세스 고딘^{Seth Godin}은 가짜 일을 제거하기 위해 스스로를 다그친다. 그는 작업과 한판 승부를 벌이는 동안에는 바쁘기만 하고 성과가 없는 임무는 손도 대지 않는다. 회의에도 참석하지 않으며 참모도 두지 않는다. 심지어 작가임에도 메모도 하지 않는다. 이러한 일들은 저항이 일을 더디게 만들면서 변명할 수 있는 최선의 수단이 된다. 즉, 그의 행동의 목표는 생산적으로 보이지만 일을 완수하는 데 기여하지 않는 것은 무엇이든 제거해 버리는 것이다.

심장에 이상이 생겨 수술한 사람 중에서도 의사의 조언을 받아들여 생활 방식과 식이 요법을 바꾼 사람은 겨우 10퍼센트에 불과하다는 연구 결과가 있다. 생명의 위험 앞에서도 사람들은 익숙한 것을 바꾸려 하지 않는다. 하물며 전통, 전례, 그리고 관습들로 차고 넘치는 조직 문화와 풍토 속에는 여간해서 바뀌지 않는다. 하지만 IBM, 페이스북, 일본전산 등 글로벌 혁신 기업들을 보면 높은 생산 성을 추구한 결과 혁신적인 제품과 비즈니스를 선보였다. 가짜 일을 과감하게 줄이거나 제거함으로써 얻을 수 있는 결과다.

Point ●

전통적으로 '생산성 향상'이라고 하면 비용을 절감하는 사고방식이 뿌리 깊게 남아 있다. 진정한 생산성 향상은 업무 방법의 혁신 즉 가짜 일을 줄여야 한다. 유연하고 창조적이었던 조직을 가짜 일이 지배하면 관료주의적인 늪지대가 되고 직원들의 열정과 도전 의식을 빼앗게 되었다.

●❷
성과주의의 배신

90도로 허리도 숙이고 눈물도 흘렸다. 게다가 57년간 지켜온 오너 경영과 회장직도 내려놨다. 하지만 대중의 시선은 차가웠다. 2021년 5월 코로나19가 전 세계를 지배하고 있을 무렵 유제품 '불가리스'가 코로나 바이러스 치료에 억제 효과가 있다고 발표한 지 44일 만이었다. 결국 국내 2위(2020년 기준 매출액 9,489억 원) 우유 업체인 남양유업은 제대로 된 회계 실사도 없이 3주 만에 사모펀드 PEF에게 경영권을 넘겨줬다.

남양유업의 몰락은 과도한 성과주의가 저물고 있음을 입증한다. 1965년 고故 홍두영 창업주가 설립한 남양유업은 국내 최초 제조 분유를 출시했으며, 아인슈타인 우유, 불가리스, 맛있는 우유 GT, 프렌치카페 등 여러 히트작을 남겼다. 그러나 1990년대부터 건설사 리베이트 사건, 2013년 대리점 밀어내기 갑질 사건, 2019년 창업주

외손녀의 부도덕성 논란 등 문제가 불거질 때마다 요식 행위를 하 듯 책임을 전가하거나 형식적 사과문을 내놓는 데 그쳤다. 2006년 대장균 분유 논란 때도 사과보다는 "자연환경에도 존재한다.", "70 도 이상의 뜨거운 물에서 100% 사멸한다."라는 식으로 대응해 비 난을 샀다. '불가리스'가 코로나19를 77.8퍼센트 저감하는 효과를 확인했다는 자체 연구 결과를 발표했을 당시에도 홍 회장은 20일 후 나타나 사과문을 읽었다.

남양유업은 그동안의 일련의 소비자 불매 운동에도 제품과 기술 만 뛰어나면 잘 팔릴 것으로 자만했고, 시간이 지나면 해결해 줄 것 이라며 방치했다. 특히 남양유업은 군대식 위계질서가 강한 기업으 로 유명하다. 한 임원이 "내년에 20퍼센트 이상 성장할 수 있다."라 고 보고하자 다른 임원이 "내년엔 외부 경영 환경이 좋지 않으니 성 장률을 조금 낮추더라도 내실을 다지자."고 맞받았다. '내실을 다지 자'는 의견을 냈던 임원은 다음 인사 명단에서 찾아볼 수 없었다.[21] 이런 악순환의 인사가 반복되면서 홍 회장 주위에 '예스맨'만 남게 되었고, 불합리한 경영 철학에 이의를 제기한 임직원은 찾아볼 수 없었다. 과도한 성과주의 실적 압박, 경직된 조직 문화, 계속되는 위 기 속에 경영진의 핑계와 해명, 책임 회피가 반복되면서 인재들은 떠나갔다.

성과주의의 빛과 그림자

　지금 이 시대를 대변하는 대표적인 키워드는 '성과주의'다. 기업은 물론이고 정부나 각종 단체에서도 한목소리로 성과주의를 외치고 있다. 하지만 많은 조직에서 성과주의 인사 제도를 도입하고 있지만 기대 효과만큼 우려의 목소리가 높은 것도 사실이다. 미국이나 일본의 경우 성과주의에 대한 논쟁이 치열한데, 각 나라의 서점에 가보면 성과주의를 찬성하는 책과 반대하는 책이 경쟁적으로 출간되고 있다. 그러나 한국에서는 성과주의 옹호론과 일부 개선론이 있을 뿐 성과주의를 반대하는 책은 찾아보기 어렵다. 그렇다면 우리 사회의 뛰어난 경영학 교수와 경영 컨설턴트들은 왜 침묵하고 있는 걸까?

　미국식 성과주의는 1993년 일본의 주요 정보 통신 기술 기업인 후지쯔fujitsu가 대기업 중에서 가장 먼저 도입했고, 한국의 경우 IMF 외환위기를 경험한 후 삼성전자가 가장 공격적으로 현장에 적용하면서, 많은 기업이 글로벌 스탠더드 개념으로 앞다퉈 도입했다.

　성과주의는 연공주의의 불합리한 인사 관행에서 탈피하여 기업의 경영 성과에 기여하는 글로벌 보상 제도라는 긍정적 인식과 함께 재무 성과 향상, 전 세계의 고급 인재를 블랙홀처럼 빨아들여 핵심 인재 대거 확보 및 유지에 긍정적 효과를 거두었다. 그럼에도 불구하고 세계 경제는 심각한 위기에 봉착했다. 코로나19 때문만은 아니다. 성과주의가 근시안적 단기 성과에 집중하다 보니 부작용이 나타나기 시작했기 때문이다. 더 높은 성과를 지향하는 것이 성과주의의 핵심 본질이다. 그러나 현실은 매년 심사한다고 하면 누구나 1년 이내에 성과를 낼 수 있는 일만 하려고 한다. 또 각자에게 목표를 세우도록 하고 그 달성도를 평가한다고 하면 낮은 목표를 설정하는 것이 현명할 것이다. 예를 들어 '계약 건수'라는 KPI를 기준으로 평가를 한다면 손익을 따져 이익을 내는 '채산성payability'은 도외시한 채 계약 건수에만 열을 올리는 영악한 사람들이 나타나게 된다.

웰스파고Wells Fargo는 자산 기준으로 미국 4위권이지만 시가 총액으로는 미국에서 가장 큰 은행이다. 웰스파고의 경영진은 자신들의 교차 판매cross selling의 실적이 매우 우수함을 투자자에게 자랑해왔고, 실제 웰스파고에 계좌를 가지고 있는 가구당 교차 판매 상품 수는 6.27건에 이르기도 했다. 이러한 공격적 성과주의에 힘입어 2015년 여름에는 시가 총액이 3,000억 달러에 육박해 중국공상은행을 누르고 세계 최고 시가 총액 은행으로 올라섰다. 하지만 이 실적의 진실은 고객들 모르게 이른바 '유령계좌'를 허위로 만들어 고객들의 돈을 가로채 온 사실이다. 웰스파고 직원들은 고객들 모르게 고객 명의의 별도 은행 계좌나 신용 카드 계좌를 개설한 뒤, 고객들이 기존 계좌에 갖고 있던 돈을 이 유령계좌로 옮겼다. 직원들은 이 과정에서 가짜 이메일 주소를 개설하거나 가짜 비밀번호를 만들고, 때론 고객 몰래 고객 명의의 체크 카드를 만들기도 했다. 허위 신용 카드 연회비 등의 명목으로 고객 계좌에서 빠져나간 돈이 40만 달러가 넘었고, 이는 웰스파고 매출로 잡혔다. 이 일에 가담해 매출 실적을 올린 직원들은 보너스를 받았다.

미 연방 소비자금융보호국^{CFPB}은 웰스파고가 지난 2011년부터 고객 명의를 도용해 56만 개의 신용 카드 계좌를 만든 것을 포함해 허위로 예금과 신용 카드 계좌 200만 개를 만들었다며, 벌금 1억 8,500만 달러와 고객 환급 비용 500만 달러를 부과했다. 당시 유령 계좌 개설에 가담해 해고된 직원 숫자만 5,300명에 달했다.

웰스파고 직원들이 유령계좌를 개설한 배경에는 회사의 성과 압박이 있었다. 2007년 취임한 존 스텀프^{John Stumpf} 최고 경영자 체제에서 웰스파고에서 이런 성과 압박은 더욱 강화되었다. 경영진은 예금 계좌가 있는 고객에게 추가로 보험이나 연금 상품을 판매하는 식의 교차 판매를 하도록 은행원들을 공공연히 압박해 왔다.

"이런 어마어마한 스캔들이 터졌는데도 당신(존 스텀프)은 사퇴하지도, 당신이 번 돈 가운데는 단 한 푼도 손해를 보지 않았습니다. 대신에 당신이 책임을 진다며 취한 조치라고는 하급 직원들에게 모든 잘못을 뒤집어씌운 것이죠. 이들은 당신들 경영진처럼 훌륭한 홍보 대행사를 고용해 상황을 무마하는 건 꿈도 못 꿀 이들이에요. 비겁하다고 생각하지 않으세요?"

– 상원에서 열린 청문회에서 엘리자베스 워런^{Elizabeth Warren} 상원의원의 질문

성장하는 기업은 주주나 자본 시장으로부터 최대한 빨리 성과를 내라는 압력을 받는다. 이러한 현실을 부정할 수는 없다. 하지만 단

기 성과의 압력에 굴복하지 않고도 투자 누적 수익률이라는 항목에서 장기적인 성과를 올리는 위대한 기업들이 있다. 위대한 기업으로 가기 위해서는 성과 확대, 영향력 확장, 창의력 증대, 직원의 성장을 추구하며 결코 장기적인 가치 제고를 저해하는 성장 압력에 굴복하지 않아야 한다. 성장과 탁월함을 혼동하지도 않아야 한다. 규모가 크다고 해서 모두 위대해지는 것은 아니다.

웰스파고의 사례처럼 성과주의는 장기적인 성공을 희생하면서 개인의 성공을 위해 조직을 수단으로 삼는다. 단기 성과와 규모에 집착해 조직의 핵심 사업을 무시하고 구미가 당기는 새로운 기회를 좇아 성급히 행동한다. 경쟁자보다 확실히 잘 할 수 있는 능력을 갖추지 않았음에도 새로운 분야에 지나치게 투자한다. 결국 성장과 확장을 추구하다가 가치를 양보하거나 핵심 가치에 역행하는 행동을 반복하게 된다.

코로나19로 인해 기업들이 외부 활동에 어려움이 생기면서 영업 실적이 감소되었고, 기존 경영전략을 수정해서 생기는 혼란이 가중되었다. 이 기간이 장기화되면서 대부분의 기업들은 생존의 기로에서 가장 손쉬운 방법인 직원들에게 성과를 압박한다. 과도한 성과 압박과 스트레스를 이기지 못한 직원은 극단적인 선택을 하기도 한다. 네이버는 코로나19로 비대면 특수 효과를 누렸음에도 불구하고 15년가량 근무한 직원이 자살이라는 극단적 선택을 하는 사건이 발생했다. 조사 결과 고인은 야간·휴일 관계없이 과도한 업무에 시달렸고 한다. 2020년 구인 구직 매칭 플랫폼 사람인이 직장인 1,121

명을 대상으로 설문조사를 한 결과, 실제로 성과와 실직에 대한 압박을 느낀 적이 있는 직장인은 열 명 중 네 명에 달했다. 인간은 성과와 실직에 대한 압박을 받으면 불안감을 느끼고, 새로운 시각을 찾지 않고 과거에 효과가 있던 방법과 솔루션에 의존하려고 한다. 이런 현상을 '위협경직성threat rigidity'이라고 한다. 위협경직성은 성과 압력을 하나의 위협으로 느끼게 되면 책임을 회피하기 위해서 참신한 시도보다는 누구나 합의할 수 있는 뻔한 대안을 선택하는 것을 의미한다. 또한 성과 압력이 높아지면 일반적 지식 사용은 증가하는 반면 영역 특수적 전문 지식의 사용은 오히려 감소하게 된다. 즉 성과 압력은 한 종류의 지식 사용은 희생시키면서 특정 유형의 지식만을 사용하도록 만든다.

1986년 1월 28일 우주 왕복선 챌린저호는 오링O-ring이라는 둥근 형태의 고무 패킹이 낮은 온도에서 딱딱하게 굳어서 제대로 기능하지 못할 수도 있다는 위험을 그저 피상적으로만 판단한 결과, 발사 73초 후 폭발해 승무원 7명 전원이 사망했고 4,865억 원의 금전적 손실을 입었다. 발사 전 NASA와의 회의 때, 우주 왕복선 고체 로켓 부스터를 설계하고 제작한 모튼 치오콜사의 고무 O링 기술자는 발사를 취소하거나 일정을 조정해달라고 여러 차례 요청했다. 하지만 NASA는 그 부품이 지난 여러 차례 비행에서 아무런 문제도 발생하지 않았다는 사실에만 초점을 맞추었다. 결과적으로 챌린저 우주 왕복선에 장비된 O링은 낮은 온도로 인해 탄력성이 부족해져 발사 후 그 틈으로 새어 나온 고온, 고압의 연료에 불이 붙으며 제 역할을 하지 못함으로써 끔찍한 재앙을 불러일으켰다. 2003년 우주 왕복선 컬럼비아호의 공중분해 사고도 비슷한 환경에서 발생 되었다. 컬럼비아호 이륙 직후 지상에 있던 팀은 기체에서 거품이 형성되어서 떨어지는 현상을 발견했다. 하지만 대부분의 관계자는 과거에도 이와 비슷한 일이 몇 번 있었지만 치명적인 문제가 발생되지 않았기 때문에 무시하고 말았다. 17년 전 비슷한 경험을 겪어보고서도 말이다. 결국 다시 7명의 우주 비행사가 목숨을 잃어야 했다.

　NASA와 남양유업은 오랜 세월 동안 성과주의의 표본이었다. NASA에서는 그 어떤 가치보다 실행의 우수성이 높은 가치로 꼽혔다. 비록 놀라운 업적을 쌓긴 했지만, 과도한 실행과 실적 압박으로 인해 조직은 위협경직성 성향이 강해지면서 평판은 바닥에 떨어졌다. 챌린저호 폭발 직전에 몇몇 엔지니어가 발사를 연기해야 한다고 붉은 깃발을 흔들며 나섰지만, 이들은 결국 상급자에게 가로막혀 침묵해야 했다. 이를 본 다른 사람들 역시 입을 다물어야 했다. "외부 환경이 좋지 않으니 성장률보다 내실을 더 다지자."라는 임원을 말을 묵살하고 퇴사시켜버린 경영자의 판단을 본 남양유업의 임직원들 역시 중요한 회의에서 침묵으로 일관했다. 위협경직성을 낳은 성과주의는 비판적 사고를 막고 구성원을 수동적인 태도로 만든다.

　성과주의 인사 제도는 조직 운영의 객관성과 투명성을 확보할 수 있는 장점이 있다. 개인별 직무와 KPI를 사전에 정의하고 정해진 기간 내 달성도를 평가해 보상과 승진에 차등을 두기 때문이다. 문제는 과연 성과를 어떻게 정의하고 측정해야 할지 모호한 경우가 많다는 점이다. 실제로 현장에서 개인별 KPI를 수립할 때 영업 이외의 부서에서 개인의 업적이나 성과를 판단한다는 것은 지극히 어려운 일이며, 전사가 한다고 하니 형식적인 지표 설정으로 마무리하는 경우가 허다하다. 객관적·과학적으로 지표를 설정했다고 해도 지표의 달성도를 업적이나 성과라고 부를 만큼 그 지표 자체가 가치 있는 것인지 어떤지 확신이 들지 않는다. 지표 달성률이 100퍼센트인데 조직의 성과와 매출액은 왜 올라가지 않을까? 어찌 보면 이는 관리자의 입장에서는 매우 편리한 논리로서 성과가 낮을 때는 해고나 임금 삭감의 직접적인 판단의 기준이 된다. 그러나 성과가 좋아져 해고를 피한다고 해서 반드시 좋은 평가를 받을 것이라고는 단언할 수 없다. 성과와 평가는 별개이기 때문이다.

4차 산업혁명의 대표 세계관인 '불확실하고, 복잡하고, 모호하며, 변화가 많은 세상VUCA'에서 자고 나면 신기술이 등장하고 고객 요구가 급변하며 산업 간, 직무 간 융합이 빈번하게 발생하는 21세기 초경쟁 환경에서 30년 전의 성과주의 제도가 과연 적합할까? 개개인의 직무를 중요도별로 정의해 놓아도 1년도 못 가 그 우선순위가 바뀌는 일이 허다하다. 단시성을 중심으로 한 성과주의는 직원의 창의성 발현과 장기적 혁신을 저해할 수밖에 없다. 경쟁과 성과가 강조되는 성과주의 문화가 오히려 성과 창출에 부정적이라는 얘기다. 웰스파고, NASA, 남양유업 등 국내외 여러 사례는 이 같은 우려를 뒷받침한다.

행동경제학에서는 손실 회피Loss Aversion의 개념으로 성과주의의 불합리성을 강조한다. 대부분의 사람들은 수익이 높다고 판단할 때는 위험 회피를 통해 기존의 수익을 보호하려고 한다. 반면 기대보다 수익이 낮다고 판단되는 경우에는 더 높은 위험을 선택할 가능성이 높다. 이러한 심리를 성과주의에 대입해보면 급여나 보상이 충분하지 않다고 생각할 때는 과감한 혁신과 도전을 통해 성과를 높이려는 성향을 보이지만 기대 수준 이상의 보상을 받게 되면 도전과 창의력 발현보다는 현상을 유지^{Status quo Bias}하려는 성향을 보이게 된다. 리먼 브러더스^{Lehman Brothers}가 2001년 9·11테러 직후 주가가 급락했을 때, 변화된 환경에 적합한 전략이 아닌 사상 최고 수익을 올린 달콤한 추억을 바탕으로 동일한 전략으로 결정을 내리면서 파산의 방아쇠를 당겼다. 이처럼 변화와 혁신은 손실 가능성을 동반하기 때문에 보상이 충분하다고 생각하면 기존 관행에서 벗어나지 못하고 현재 상태에 기준을 두고 의사결정을 하게 된다. 직급이 올라가고 보상을 많이 받는 사람일수록 보수적인 성향으로 바뀌는 이유가 바로 성과를 높이기 위해 위험을 감수하는 것보다 현재 상태를 유지하는 것이 잃을 것이 적다고 판단하기 때문이다. 따라서 보상과 성과는 정비례 관계가 아니라는 점과 성과주의가 강화될수록 구성원들은 위험을 회피하거나 기존 관행에 기반하여 의사결정을 내릴 가능성이 높다는 사실을 분명히 인식할 필요가 있다.

'배고픈 것은 참아도, 배 아픈 것은 못 참는다'는 말이 있다. 새로운 경제 활동과 소비 문화의 주축인 MZ세대는 평생 직장이나 임원 승진 등을 목표로 삼지 않는다. 그 대신 원칙과 공정을 중시하고 이에 어긋나면 거침없이 표현한다. 예를 들어 SK하이닉스 직원들은 2020년의 이익이 2019년에 비해 두 배임에도 성과급 규모가 같고, 경쟁사인 삼성전자 반도체 부문보다 절반 비율인 성과급이 불공정하다고 인식한다. 특히 성과주의의 기본 원리인 '보상의 차등 폭이 클수록 고성과자는 더 많은 성과를 낼 것이다'는 전제에 공정성 이슈가 확산되고 있다. '공정'이라는 놈이 참 얄궂다. 어긋남 없는 중용이어야 하는데 항상 자기 쪽에서 볼 때 공정해야 공정한 것으로 인식한다. 와튼 경영대학원 교수인 이완 바란케이Iwan Barankay는 동료와 비교하여 보상 수준이 낮으면 구성원들이 동료를 따라잡거나 추월하기 위해 일에 매진한다고 경영자들이 생각하기 쉽지만, 오히려 그 반대의 현상이 나타난다고 말하고 있다. 즉, 높은 등급을 받은 직원은 '이미 최고인데, 더 노력할 필요가 있나?'라고 생각하고, 낮은 등급을 받은 직원은 자신의 능력에 좌절해서 아예 포기를 한다는 것이다. 노트르담 대학의 매트 블룸Matt Bloom 교수도 29개 야구팀을 대상으로 28년 동안 연봉 기록과 성적을 조사한 결과, 연봉 차등 폭이 클수록 팀 승률은 더 떨어졌다고 밝혔다. 야구와 같이 팀워크가 중시되는 현대 경영 환경에서 보상의 차등 폭이 크다고 효과적이라고 볼 수 없는 결론이다. 린다 그래튼Lynda Gratton 런던 비즈니스스쿨 교수는 "기업 활동이 복잡해지고 혁신의 중요성이 증대될수록 구성원 간 경쟁보다는 협력적 분위기를 조성하는 것이 효과적"이라고 일갈한다.

그렇다면 성과가 높은 구성원들만 모아 놓으면 성과가 올라갈

까? IDC 업계의 선두를 달리고 있는 기업을 컨설팅했을 때였다. 이 회사의 대표이사는 강력한 리더십으로 직원의 성과를 평가한 후, 3년 간 하위 그룹에 속한 직원들을 모두 해고했다. 하위 등급으로 분류 된 평균 이하의 직원들을 정리하고 결국 이 회사는 평균 이상의 성 과를 내는 인력만 남게 되었다. 물론 추가 채용도 평균 이상의 성과 를 낼 수 있는 사람들 중심으로 선발했다. 그러나 아이러니하게도 그 회사의 경영 실적은 기대 이하에 머물렀고 회사의 수익성은 지 속해서 악화했다. '성과가 높은 구성원들만 모아 놓으면 성과가 올 라갈 수 있을 것이다'라는 가정이 효과를 거두지 못했던 것이다. 왜 일까? 고성과자들은 기존 하위 등급의 사람들보다 공정성 문제를 더욱 강하게 제기하기 때문이다.

그럼에도 불구하고 성과주의가 효과를 발휘하는 경우는 여전히 존재한다. 하는 일이 반복적이고 비창조적이며 표준화된 상품 또는 서비스를 생산하거나 판매할 때, 일에 대한 선택권을 행사할 가능성 이 거의 없을 때, 내적 만족감이 거의 없는 일을 할 때, 팀의 노력보 다 개인적 노력만으로 성과가 책정될 때, 핵심 업무에 다른 사람들 돕고 격려하고 지도하는 일이 없을 때, 표준화된 산출물이 있고 업 무 전반에 대한 책임감이 필요 없는 관례화·개별화되었을 때 같은 경우다.

- "오직 6퍼센트만이 현 성과 관리 체계가 실질적인 성과를 창출하고 있다고 인식하고 있다."

  (Deloitte Consulting LLP and Bersin by Deloitte, "Global Human, Capital Trends 2014 : Engaging the 21st-century workforce.)

- "전형적인 연간/반기 성과 평가 시스템은 비즈니스의 역동성과 실질적인 변화의 흐름을 감지해 반영하기 매우 부족하다."

  (Forrester Research, "Disrupt the Employee Performance Process to Align with Business and Customer Outcomes, Paul D. Humerman and Claire Schooley, 2014)

- "현재의 평가 시스템은 공정성과 정확성 여부를 떠나 평가자, 피평가자, 운영 주체(HR) 모두에게 너무 복잡하고 난해하다. 낭비되는 시간이 너무 많다."

  (Marcus Buckingham)

- "현 성과 관리 체계는 고성과를 유도하지 못할뿐더러, 구성원의 업무 몰입에도 도움이 되지 않는다."

  (Deloitte Global Survey, 설문에 응답한 글로벌 기업 임원 58%)

- "직원 성과 평가는 회사 생활의 불합리성을 상징한다. 매니저와 직원들 모두 성과 관리가 시간 소모적이고, 지나치게 주관적이며, 의욕을 저하시켜 궁극적으로 아무 도움이 되지 않는다고 보는 경우가 많다." (Mckinsey Qurterly)

| 기존 방식의 성과주의에 대한 부정적 인식들 |

성과주의의 대안

전통적 성과주의는 개인별 성과 지표[KPI]가 실질적인 조직의 목표 달성과 구성원들의 성장에 큰 도움을 주지 못한다는 인식, 성과 지표 도출 과정 및 평가 절차 등 제도가 복잡하고 투입되는 시간과 노력이 과다하다는 인식이 지배적이나 인사 제도는 이러한 변화를 반영하지 못하고 여전히 과거의 관행에 머물러 있었다. 그렇다면 현재 성과주의의 문제를 극복할 수 있는 대안은 무엇일까?

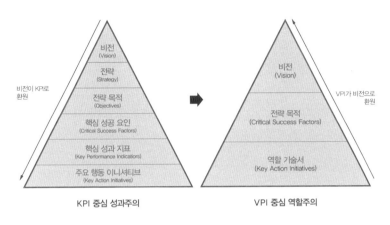

| 성과주의에서 역할주의로의 변화 |

    팀과 개인이 창출하는 성과가 회사 전체 성과로 나타나기 위해서는 개인별 성과 지표가 조직의 비전과 유기적으로 연결되어야 한다. 그러나 성과주의 인사 제도를 도입한 대부분의 기업들은 매년마다 상당한 시간을 들여 조직의 비전과 사업부 목표를 단위 조직과 개인에게 연계해 개인별 KPI를 설정하지만 비전과의 연계성이 매우 낮게 나타난다. Top-down 방식으로 만들어진 개인별 KPI는 비전과 전략 목적에 맞춘 도전적이고 혁신적인 지표가 아닌 현업 위주와 단기성 위주의 지표로만 도출된다. 그도 그럴 것이 위 표

에서 보듯 'KPI 중심의 성과주의'는 비전부터 전략, 전략 목적, 핵심 성공 요인, 핵심 성과 지표, 이니셔티브[22]까지 알아야 하고 고려해야 할 단계가 너무 많다 보니 하위단계로 내려갈수록 비전의 중요성은 서서히 희석되는 경향이 나타나게 된다. 무엇보다 비전과 KPI의 연계성이 낮은 가장 핵심적인 이유는 가장 아래 단계인 KPI를 기준으로 개인별 실적을 평가·보상하기 때문이다. 이 점에서 경영자와 구성원 간의 비전 갭이 생기게 되고, 아무리 많은 보상을 해도 이 문제는 해결되지 않는다.

이러한 문제점을 고려하여 'VPI 중심 역할주의'를 대안으로 제시한다. 이전 페이지의 그림에서 보듯 'VPI 중심 역할주의'는 3단계로만 구성된다. 비전에 따른 전략 목적과 개인별 역할만 구체적으로 정리되면 된다. 개인별 부여되는 '역할 기술서'는 직무를 수행하는 데 필요한 기술적인 과업 외에도 직원이 수행해야 할 비직무적 역할도 포함된다. 직무 기술서에 비해 책임이라는 한가지 층을 더 포함하고 있으며, 개인의 직무와 팀의 수준에서 머무는 것이 아니라 조직 내 역할도 포함되어 있다. 그뿐만 아니라 조직의 목표 달성을 위해 의견을 통합하고 의견 일치를 추구하는 능력도 여기에 포함된다. 중요한 것은 모두 숫자로 나타낼 수 있는 것은 아니며, 숫자로 나타낼 수 있는 것이 모두 중요한 것은 아니다. 억지로 숫자로 표현하게 되면 목표나 본질의 왜곡이 나타나게 된다. 역량 기술서는 형식적인 KPI와 같은 정량적 수치를 의무적으로 만들지 않아도 되며, 정성적인 내용을 포함하되 핵심 행동 지표[KBI] 형태로 표기된다.

'VPI 중심 역할주의'의 가장 핵심은 평가 지표가 KPI가 아니라 VPI^{Vsion Performance Indicator}라는 점이다. 모든 구성원은 VPI 하나로만 평가받는다. 비전의 달성과 개인의 실적보다 조직의 실적이 무엇보다 중요하기 때문이다. 'VPI 중심 역할주의'는 매년 전 직원들이 많은 시간을 들여 만들어 놓고도 이점이 모호한 KPI를 도출할 필요가 없다. 전사에 공표된 비전을 공유하는 즉시 그것이 직원들의 KPI가 되는 것이다. 모든 직원에게 동일하게 부여된 VPI하에서는 개인 역할과 비전과의 연계성이 자동적으로 실현되며, 구성원 간 협업을 강화한다. 성과주의 인사 제도의 가장 큰 문제는 업무에 있어 서로 협업이 필요하다는 것을 간과할 뿐만 아니라 때로는 협업하는 것이 오히려 자신의 평가에 불리하게 작용한다는 인식을 갖게 만든다는 점이다. 하지만 'VPI 중심 역할주의'는 조직 전체의 성과가 개인의 평가와 보상에 반영되기 때문에 옆의 동료와 부서를 적이 아닌 동지로 간주한다. GM과 사우스웨스트 에어라인스^{Southwest Airlines}에서 사업부 이익이 아닌 회사 이익을 기준으로 성과급을 지급하는 개념을 도입한 것도 같은 맥락이다. 이러한 변화를 통해 자기 부문만의 이익을 지향하는 '사일로^{Silo} 현상'[23]을 타파하고, 조직 전체의 성공을 도모할 수 있다. 만약 NASA가 우주 왕복선 챌린저호를 발사할 당시 연구원들의 KPI가 VPI 즉 '성공적 우주선 발사'였다면 오링이 제대로 기능하지 못할 수도 있다는 위험을 외면하지 않았을 것이고, 동료 연구원들의 능동적인 협업으로 인해 승무원 사망 사고와 4,865억 원의 금전적 손실은 발생하지 않았을 것이다.

그렇다면 '개인별 보상을 어떻게 차별화해야 할까'에 대한 의문이 들 것이다. 성과주의 본산이라 할 수 있는 북미에서는 시장 원리에 기초한 성과주의를 포기하고 보상 격차의 축소, 집단 단위 평가등을 중심으로 하는 공동체형 인사 시스템으로 우수한 성과를 거두는 기업이 늘어나고 있다. GM은 새로운 것의 발명, 탁월한 서비스 제공, 그리고 구성원의 역량·태도 등이 GM 성공에 얼마나 기여했는지를 평가해 성과급을 결정하여 지급한다. 일본의 후지쯔Fujitsu는 무리하게 미국식 성과주의를 도입하면서 실패한 점을 거울삼아, 일할 의욕의 고취, 신뢰 문화 기반, 업무 과정 중에 발생하는 능력과노력 기반의 평가 등에 초점을 두고 있다. 이러한 변화되는 환경에맞춰 'VPI 중심 역할주의' 역시 공동체형 인사 시스템을 지향한다.

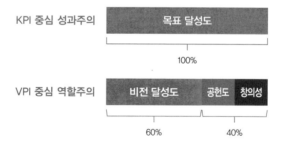

성과주의는 직원들의 능력에 대한 평가가 일관성 없는 데이터로 이어진다. 예를 들어 평가자가 직원의 고객 중심주의 사고를 객관적으로 평가하려 해도, 결국 평가자 자신이 얼마나 고객 중심적으로 사고하는지, 고객 중심적 사고가 얼마나 중요하다고 생각하는지,

또 얼마나 치밀하게 준비해서 평가하는 사람인지에 따라 결과가 달라진다. 평가가 실제로 무엇을 기준으로 측정하는지 알아보기 위해 2000년 응용 심리 학회지Journal of Applied Psychology에서 실증적 연구를 실시했다.[24] 관리자 4,492명의 업무 성과를 상사 두 명, 동료 두 명, 부하 직원 두 명이 평가하도록 한 결과, 평가 결과에 있어서 62퍼센트의 차이는 평가자 개인의 특성에서 기인하는 것으로 드러났다. 실제 성과로 인한 차이는 21퍼센트에 불과했다. 평가자가 피평가자를 객관적으로 측정했다고 생각하지만, 평가로 측정되는 대상 대부분은 평가자의 고유한 평가 성향에 달려 있었다. 반면 비전이라는 하나의 지표로 평가받는 VPI는 평가자의 주관적 판단의 오류를 배제한다. 피평가자는 평가를 잘 받기 위해 평가자에게 정치적 행위를 할 필요가 없고, 평가자는 평가의 객관성이나 일관성 확보를 위해 장시간 준비와 평가를 할 필요가 없다. 이런 평가 방식은 절차적·분배적 공정성의 문제가 들어올 틈이 없다. 성과주의는 '보상의 차등 폭이 클수록 고성과자는 더 많은 성과를 낼 것'이라는 기본 원리로 목표 달성도에 따라 보상의 격차를 크게 운영해왔다. 하지만 보상 격차가 커질수록 평가 결과나 보상이 공평하지 않다는 감정을 일으키며, 불만족을 촉진하고, 조직을 떠나는 사람들이 늘어났다. 결국 이런 악순환이 반복되면서 조직의 성과를 감소시키는 결과를 낳았다.

'VPI 중심 역할주의'는 전체 조직의 비전 달성도에 따라 성과가 결정됨으로써 집단에 대한 관심을 고취시킨다. 반면 직원 스스로가 업무를 자율적이고 창의적으로 하기 위하여 40퍼센트의 개인 차등화를 둔다. 동일한 보상 및 결과의 평등은 동기를 약화시킨다. 풀어진 마음보다 약간의 긴장이 직원의 성과 활동에 도움이 되기 때문이다. 공헌도는 해당 직원이 팀과 조직에 기여한 정도를 반영한다. 역할 기술서의 난이도 및 실행 정도가 평가의 핵심이 되겠지만 반드시 업무에만 국한되지는 않는다. 동료에 대한 지원, 협업의 정도, 비업무의 자발적 참여 등이 포함된다. 창의성은 기존 관행에서 벗어나 비전 달성을 위해 과감한 혁신과 도전을 하는 정도를 말한다. 창의성 발현에 동반되는 발전적 실패는 평가와 보상에 적극적으로 반영된다. 이는 기존 성과주의 아래에서 구성원들이 위험을 회피하고 동일한 사고에 기반하여 의사결정을 내리는 복지부동의 자세에서 벗어나기 위함이다. 'VPI 중심 역할주의'는 중간 매니저의 실시간 소통과 피드백을 강조한다. 명확한 비전과 목표의 부재는 낮은 성과의 주된 이유다. 따라서 매니저는 비전과 목표의 인식, 직원 행동의 영향력, 역할 및 업무 개선 사항, 경력 성장 등에 대해 정기적이고 지속적인 피드백을 제공해야 한다. 발전적 피드백을 나눈 직원들은 매니저의 후속 조치에 도움을 받아 행동에 변화를 일으켜야 한다. 만약 직원들의 행동에 변화를 주지 못하거나 사람과의 행동에 편견을 갖고 장기적인 인간관계를 훼손하는 매니저는 공헌도 항목에서 불이익을 받게 된다.

실시간 소통과 피드백의 우수 사례로 꼽히는 곳은 어도비Adobe다. 어도비는 2012년 성과주의 인사 평가 체계를 폐지하고 실시간 소통과 조율을 강조하는 '체크인Check-in'이라는 새로운 제도를 도입했다. 체크인 제도는 다음의 세 가지 단계로 이루어진다. ①매니저와 구성원이 공동으로 목표를 설정한다. 명확한 목표와 함께 어떠한 지표에 의해 평가받을지를 결정한다. ②매니저, 동료 그리고 협업 부서들에게 연중 수시로 피드백을 받는다. 최소한 분기 1회를 실시하게 되고 엄격한 절차나 형식 등 피드백을 방해하는 장애물은 최소화한다. ③분기 말 3개월 동안의 전반적인 퍼포먼스에 관해 이야기를 나누며 미팅 내용을 공유한다. 특별히 HR 부서에 제출해야 할 양식이 존재하지도 HR 부서가 간섭하지도 않는다. 다만 매니저들의 역할과 책임을 강화하기 위해 무작위로 선택된 구성원들을 대상으로 설문조사를 실시한다. 기대 목표, 피드백, 성장의 3단계를 중심으로 진행되는 어도비의 체크인 제도는 성공적으로 작동하고 있다고 평가된다. 직원들과 매니저의 사기가 눈에 띄게 높아졌고, 자진 퇴사율도 평균 대비 30퍼센트 줄어들었다.

비전의 쓸모

도쿄대 대학원의 다카하시 노부오高橋 伸夫 교수는 1992~2000년까지 매년 대기업 38개사 약 1만 명을 대상으로 비전 지수에 따른 직무 만족 비율과 이직 희망 비율의 관계에 대해 조사했다.[25]

다음 그래프에서 보듯 비전 지수가 높을수록 직무 만족 비율은

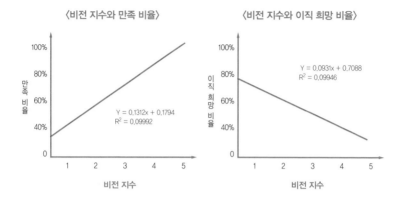

〈비전 지수와 만족 비율〉

만족 비율

$Y = 0.1312x + 0.1794$
$R^2 = 0.09992$

비전 지수

〈비전 지수와 이직 희망 비율〉

이직 희망 비율

$Y = 0.0931x + 0.7088$
$R^2 = 0.09946$

비전 지수

| 비전 지수와 만족 비율(좌), 이직 희망 비율(우) |

올라가고 이직 희망 비율은 낮아지는 것으로 나타났다. 거의 완벽에 가까운 선형의 관계를 가진다는 사실을 알 수 있다. 그리고 비전 지수가 4나 5가 되면 만족하고 있는 사람과 만족하지 않는 사람의 이직 희망 사이의 관계는 거의 소멸된다. 즉, 현재 직무에 대한 불만이 있더라도 회사의 명확한 비전만 있으면 회사를 그만두거나 하지 않고 현재의 괴로움이나 고통을 참아내며 도전을 계속할 수 있다는 것이다. 딜로이트의 연구에서도 비전이 고성과 직원에게 어떤 영향을 미치는지 조사했다. 모든 사업 부문에서 성과가 좋은 60개 팀을 선정하여 직원 1,287명을 설문조사에 참여하게 했다. 통제 집단으로 일반 직원 1,954명을 선택했다. 조사 결과 고성과 직원이 일반 직원에 비해 '회사의 비전이 나에게 동기를 부여한다'는 항목에서 높게 나타났다.[26]

VPI는 KPI가 아닌 비전을 측정한다. 명확한 비전을 바탕으로

VPI를 추구하는 조직은 성과주의를 지향하는 조직에 비해 성공할 가능성이 매우 높다. 도전적이고 구체적이며 분명한 비전은 더 나은 성과로 이어지게 마련이다. VPI는 미래를 창조하는 힘이 있다. 성공적인 'VPI 중심 역할주의'를 수립하기 위해서 비전은 어떤 요건을 갖추어야 할까? 크게 세 가지 요건을 충족하여야 하는데 첫 번째는 조직 구성원의 바람과 열망을 담은aspirational 비전이어야 한다. 다른 조직의 비전을 그대로 가져오거나 조직 구성원의 생각과 가치가 반영되지 않은 비전은 그 수명을 다하기가 어렵다. 따라서 조직이 추구하고자 하는 현재 그리고 미래에 바라는 것이 무엇이고, 그들이 열정을 다해 얻고자 하는 것은 무엇인가가 비전에 담겨져 있어야 한다. 아울러 명료하고 직접적인 언어를 사용하여 회사의 청소부나 경비원도 그 내용을 이해하고 공감할 수 있어야 한다.

둘째는 달성 가능한achievable 비전이어야 한다. 회사의 존재 이유와 성장 방향, 경쟁 우위의 원천이 담겨 있어야 한다고 해서, 비전이 그저 허황되고 먼 이야기로만 남아 있어서는 곤란하다. 미래의 특정 시점을 고려하여 역량을 발휘하면 충분히 달성 가능한 비전의 모습이 그려져야 한다. 반대로 열심히 노력하지 않고서도, 현재의 역량으로 충분히 달성 가능한 비전을 설정한다면 직원들에게 꿈과 설레임을 주지 못할 것이다. 거기에는 도전의 짜릿함도 없고, 열망에 대한 벅참도 없다. 따라서 막연한 기대만으로 비전을 수립하는 것이 아니라 조직 역량에 대한 냉철한 판단과 분석, 현재 그리고 미래에 그 목표를 달성했을 때 행복해질 수 있다는 믿음, 조직 구성원들의 경쟁력 확보에 대한 확신 등을 통해 크고 위대한 비전에 제시되어야 한다. 그래야 비로소 설레는 가슴을 안고 기꺼이 실행에 몰입하려고 할 것이다.

셋째는 신뢰할 수 있는^{credible} 비전이어야 한다. 비전은 구체적이고 현실적인 처방전이 담겨 있어야 한다. 현실적인 처방 없이 목표와 과제만 담고 있는 비전은 구성원들에게 불안감을 조성함으로써 비전에 대한 신뢰도를 떨어뜨리게 된다. 따라서 신뢰할 만한 비전을 만들기 위해서는 보다 구체적인 실행안이 함께 마련되어야 한다. 스티브 잡스는 아이팟을 출시하면서 "1,000곡의 노래를 당신의 주머니에 넣어 주겠다."라는 구체적인 실행안을 제시했다.

새로운 기술과 혁신이 가져오는 변화에도 불구하고 성과주의의 기저 세력은 여전히 강력하다. 진정한 조직을 만들고 직원의 잠재력을 충분히 실현하고자 한다면 'VPI 중심 역할주의' 도입을 과소평가하지 않기를 바란다.

Point

KPI 중심의 전통적 성과주의는 실질적인 조직의 목표 달성과 구성원들의 성장에 큰 도움을 주지 못한다. 구성원의 협업과 소통, 피드백을 강화하고 비전 달성에 효과적인 'VPI 중심 역할주의'가 성과주의의 새로운 대안이 되고 있다.

성장은 전략이 아니다

해마다 연말이 되면 기업들은 더 높은 매출액과 영업 이익률, 경쟁사 대비 높은 시장 점유율을 달성하기 위해 현재 달성할 수 있는 수준 이상의 높은 성장 목표를 설정한다. 아울러 경영자는 이러한 성장 목표를 바탕으로 성과를 평가받는다. 기업이 양적 성장 전략을 수립하는 이유는 주주들과 월스트리트, 투자자가 숭배하고, 경제 신문사도 이 자료를 중심으로 다루기 때문이다. 무엇보다 이런 지표는 측정하기 쉽고 경영자가 단기간에 능력을 과시할 수 있다. 반면 위기 상황에서는 직원들의 큰 저항 없이 대대적인 구조 조정을 단행하거나 임금 삭감의 용도로 활용할 수 있다.

기업은 언제나 장기적으로 살아남을 수 있는 방식으로 성장해야 한다. 그런데 새로운 경영자가 취임하면 제일 먼저 '2050년 매출액 10조 원, 글로벌 시장 1위 달성', '내년 매출 목표 전년 대비 20퍼센트 향상', '15퍼센트의 비용 절감을 통해 매출액 대비 20퍼센트의 수익 증대와 같은 양적 성장만 내세운다. 전문가라고 자처하는 경영 전략 컨설턴트까지도 성장 전략을 부추긴다. 그러나 성장 전략은 반드시 난관에 부딪힌다. 1968년 1월 31일 기준 월마트의 24개 매장은 1,260만 달러의 매출과 48만 2,000달러의 순이익을 달성했다. 1988년 회계 연도까지 매장 수는 1,198개로 늘어났으며 매출은 160억 달러, 순이익은 6억 2,760만 달러를 기록했다. 월마트의 매출 연평균 성장률과 수익의 연평균 성장률CAGR은 20년간 43퍼센트였다. 만약 월마트가 이 비율대로 계속 성장한다면 2015년 매출은 246조 달러로 전 세계 GDP의 세 배가 되어야 한다. 하지만 2011년부터 2015년까지 월마트의 연평균 성장률은 2.7퍼센트로 떨어졌다.[27]

성장은 궁극적인 목표가 아니다. 성장은 전략이 아닌 전략의 결과다. 결코 매출액과 수익, 성장을 같은 것으로 받아들여서는 안 된다. 기업의 규모나 시장 점유율을 성공과 혼동해서도 안 된다. 성장을 전략이라고 인식하는 순간부터 비극이 싹트며, 종종 나비효과처럼 기업의 운명에 돌이킬 수 없는 결과를 초래하게 된다.

2008년 웅진그룹은 비전 선포식에서 에너지, 금융 등 신사업 강화로 매출을 다섯 배 늘려 2010년까지 매출 10조 원을 달성하고 재계 30위권에 진입하겠다는 성장 전략을 발표했다. 출판, 학습지, 식품, 정수기 등의 분야에서 새로운 사업 모델을 개발하고 인적 네트워크 구축 및 관리 역량을 통해 남들과 다른 방식으로 경쟁하고 성장한 웅진그룹은 윤석금 회장이 샐러리맨의 신화로 이룬 기업이라 개인적으로도 관심이 많았다. 하지만 기대와는 달리 그 전까지 존재했던 웅진그룹의 차별화된 경영 방식은 극동건설, 저축은행, 태양광사업에서는 볼 수 없었다. 즉 몸집을 키우겠다는 성장 전략 외에는 새로운 전략을 발견할 수 없었다. 태양광 사업팀을 조직했을 때 인원은 세 명에 불과했고, 태양광을 공부한 사람은 단 한 명도 없었다. 오로지 매출액, 재계 몇 위와 같은 성장 전략만 가득 채워져 있었다. 웅진그룹의 실패는 '매출액 10조 원 달성', '재계 30위권 진입'과 같은 양적 성장 전략이 잉태한 결과다. 성장은 전략이 아니라 전략의 결과다. 그런데 웅진그룹은 성장 목표가 전략을 대체해버렸다. 그러니 기존 사업의 시너지도 없고 자사의 역량을 이용할 여지도 없는 태양광이나 금융업에 진출하는 의사결정이 '성장 전략'이라는 이유로 조직 내에서 정당성을 확보하게 된 것이다. 극동건설의 매각 대금이 총자본 3,189억 원보다 1,000억 원 정도 많은 4,000억 원 선에서 결정될 것으로 예상했으나 웅진그룹이 훨씬 비싼 가격인 6,600억 원으로 인수한 것도 같은 이유다. 웅진그룹의 몰락은 성장을 전략으로 착각한 바로 그 시점에서부터 예정됐다.

2020년 5월 기준 시가 총액 1,450억 달러, 전 세계 100여 개 국가에서 3만 8,000개 이상의 지역에서 매장을 운영하는 세계에서 가장 큰 패스트푸드인 맥도날드도 예외는 아니다. 1998년 최고 경영자인 잭 그린버그Jack M. Greenberg는 1990년대 들어 정체된 성장을 극복하기 위해 점포 수 확장, 지속적 메뉴 확대와 신규 고객 증대 등을 통해 적극적으로 성장을 추진했다. 하지만 맥도날드 역시 웅진그룹이 양적 성장 전략이 잉태한 문제를 야기한다. 신규 점포가 기존 점포의 매출을 앗아가는 일이 빈번히 발생해 점포당 매출액은 1993년 130만 달러에서 2002년 90만 달러로 하락했다. 해외 시장에 대한 과다한 비용 지출로 인해 영업 이익은 같은 기간 동안 절반 이하로 줄어들었다. 이익 감소를 만회하려고 프랜차이즈 점포들은 원칙과 절차를 무시하기 시작했다. 음식 질이 낮아졌으며, 화장실은 더러워졌고, 매장 직원들은 불친절해졌다. 2002년에는 맥도날드 역사상 처음으로 분기 손실을 기록했고 주가는 16달러까지 떨어졌다.[28]

성장해야만 살아남을 수 있는 상황으로 몰고 가서는 안 된다. 이에 대해 일찍이 현대 전략의 아버지라 불리는 마이클 포터Michael Porter는 '성장의 덫growth trap'이라는 개념을 주장한 바 있다. 웅진그룹과 맥도날드 사례에서 보듯 성장하려는 욕구가 전략의 수립과 실행을 망치게 된다는 것이다. 그러므로 성장은 전략이 아니라 전략의 실행을 통해 획득할 수 있는 과실이 되어야 한다.

성장의 덫

수익성이 좋은 기업은 대부분 규모가 크지 않다. 반면 대기업과 같이 규모가 클수록 성장에 덫에 걸릴 가능성은 높아진다. 규모를 키울수록 그 만큼의 비용이 들기 때문이다. 아울러 관료주의, 낭비,

부정부패는 규모가 클수록 활발하게 자란다. 이렇듯 규모가 클수록 단점이 더 많아지는데 많은 경영자들이 그토록 크기(성장)에 집착하는 이유는 뭘까?

성장의 기억은 경영자에게 코카인과 같다. 경영자의 성장에 대한 끊임없는 열정이 거꾸로 기업에 부정적인 영향을 미친다. 성장 전략을 통해 성공을 이룬 경영자들은 고속 성장의 성취감이 강하며, 자신의 능력에 대한 확신을 갖게 된다. 경험해보지 않았지만 어떤 사업이든 잘할 수 있다는 강력한 믿음에 기반을 둔다. 고속 성장을 경험하고 자신의 능력에 대한 확신이 있는 경영자일수록 성장의 정체를 받아들이려 하지 않는다. 그동안 키운 사업에서 성장이 정체되면 '사업은 성장해야 한다'는 일종의 강박증에 사로잡혀 어떤 방법으로든 성장을 지속하려 한다. 월마트의 CEO인 더그 맥밀런Doug McMillon은 2016년 역사상 처음으로 매출이 감소했음에도 "우리는 성장 기업입니다. 우리는 단지 큰 기업이 될 뿐입니다."라고 했다. 또 멈출 줄 모르는 도전 정신과 열정의 상징인 웅진그룹의 윤석금 회장도 인터뷰에서 "뭐니 뭐니 해도 사업은 키우는 것이 맛이다."라고 강조했다. 이후 법정 관리를 겪은 윤 회장은 "당시에는 손대는 일마다 실패하지 않을 거라고 자만했던 것 같다."고 자평했다.

큰 규모만을 원하는 성장의 덫에 빠지게 되면 기업은 자신이 무엇을 추구하고 있는지도 모른다. 유감스럽게도 크기는 오만을 부를 뿐이다. 오랜 기간 세계 최대 규모의 자동차 제조업체로 군림해왔던 GM은 2009년 회사가 파산을 맞기 전까지 자동차를 직접 만드는 부서 대신 재무 출신이 CEO에 올랐다. 그 대표적인 인물이 GM의 CFO 출신 릭 왜고너Rick Wagoner다. 그는 생산·판매 등 실무 부서를 거치지 않고 GM의 노른자위를 독차지했다. 고급 양복에 고급 시계를 차고 다녔고, 고층 빌딩 펜트하우스에서 투자자들과 만나 위스키와 시가를 즐겼다. 생산 현장을 찾아가는 일은 홍보용 사진을 찍을 때 외에는 거의 없었다. 이들은 사석에서 "GM은 망해도 우리는 안 망한다. GM이 망하게 되더라도 우리 없이는 청산 업무를 진행할 수 없기 때문"이라고 공언할 정도로 오만했다.[29] 결국 GM은 2008년 글로벌 금융 위기와 함께 추락했다. 극심한 경기침체와 함께 외형 성장 과정에서 누적된 채무가 드러나며 경영 위기에 몰린 것이다. 2008년 GM은 309억 달러, 한화로 33조 원의 천문학적 손실을 냈고, 왜고너 회장은 'GM 100년 역사에서 최악의 CEO'라는 불명예를 안은 채 2009년 자리에서 물러났다.

성장에 집착하는 또 다른 이유 중 단기적인 관점도 한몫한다. 경영자에게는 항상 높은 목표가 주어지고 자신의 임기 중에 가시적인 성과를 이루고 싶어한다. 하지만 단기 실적은 조직의 혁신과 신성장 동력을 추구하는 것을 주저하게 만든다. 성공이 불확실한 신규 사업을 추진하다 조금이라도 삐끗하면 책임지고 옷을 벗어야 하는데 누가 과감히 이를 수행할 수 있을까. 그래서 경영자를 계속 달리는 경주마와 비교하곤 한다. 조금이라도 늦어지면 가차 없이 퇴출되기 때문이다.

기존 사업에서 경쟁력을 강화하는 일은 매일의 치열한 노력과

- 성장 전략 철학과 원칙이 없거나 유명무실하다.
- 고객 만족보다 수익성에 집중한다.
- 고객 성장보다 시장 점유율에 집중한다.
- 쉬운 채용과 구조 조정이 난무하다.
- 비공식적 커뮤니케이션이 전무하다.
- 더 많은 형식과 표준화를 요구한다.
- 잦은 조직 개편을 단행한다.
- 크기와 시장 권력이 최고의 목표다.
- 과식과 다이어트 사이를 주기적으로 오간다.

| 성장 전략을 추구하는 기업의 특징 |

혁신의 활동이 오랜 기간에 걸쳐 누적되어야만 비로소 그 성과가 나타난다. 일반적으로 특정 산업 분야에서 기업이 차별화된 경쟁력을 구축하는 데 최소 3년, 길게는 수십 년이 걸린다. 경영자는 이런 험한 길 대신에 정상으로 가는 지름길을 찾고 싶어 한다. 성장의 유혹에 쉽게 넘어갈 수밖에 없는 이유다. 또한 장기적 관점으로 조직 혁신을 추진한다고 해도 경영자의 임기가 단명인 여건에서 현재의 투자 비용은 내 부담이지만 미래의 성과는 남의 몫으로 남게 된다. 즉 밥상은 내가 차리지만 밥은 후임자가 먹는 경우가 발생한다.

탈레반 경영

때론 성장은 피할 수 없다. 모든 것이 올바르게 진행되었다면 매출 증가는 당연한 결과다. 그러나 규모의 성장은 동시에 커다란 도전이 되기도 한다. 이 도전을 진지하게 받아들인다면 매출 목표와 결별해야 한다.

시가 총액 기준으로 스웨덴 제2의 은행인 한델스방켄[Handelsbanken] 은 50년 전부터 매출 목표를 정하지 않고 있다. 특히 상품에 할당액을 매기거나 수익성을 계산하는 일을 전혀 하지 않는다. 그런데도 이 은행은 매년 평균 수준을 웃도는 수익을 올리고 있다. 경기 침체와 0퍼센트대 금리라는 악조건에도 연평균 12퍼센트씩 당기순이익이 증가했다. 성장을 목표로 경영하지 않는데도 꾸준히 눈에 띄게 성장하는 이유는 뭘까? 한델스방켄의 성공 비결을 다섯 가지로 요약할 수 있다.

첫째, 고객 중심의 경영을 표방한다. 한델스방켄은 경쟁 은행으로부터 '탈레반'이라는 별명을 갖고 있다.[30] 아프가니스탄과 파키스탄 일대의 시골 마을들에서 점조직 형태로 운영되는 게릴라 군사 조직인 탈레반처럼 한델스방켄 역시 다른 은행들이 수익성 때문에 가지 않는 작은 마을까지 지점을 낸다는 의미다. 은행업의 근본이 고객과 유대감을 중요하게 생각하기 때문이다. 그래서 한델스방켄은 고객 가까이 가기 위해 어느 정도 수익성 하락은 감내한다. 스웨덴 내 400여 개 지점 중에서 경쟁사 은행이 수익성을 고려해 들어오지 않은 작은 마을에 있는 지점이 50여 개나 된다. 성과가 낮은 지점을 폐쇄하는 경우가 거의 없다.

둘째, 철저한 분권화decentralization에 있다. 1960년대부터 조직 구조를 단순화해 부사장과 이사 직급은 없애고 지점장이 CEO에게 직접 보고하는 체계를 갖췄다. 본사 차원의 매출 목표나 예산을 잡지 않고 전사적 마케팅도 하지 않는다. 대신 각 지점이 나름대로 전략과 목표를 세워 자율적으로 영업한다. 콜센터도 없다. 대신 그 해당 지점의 직원이 전화를 받는다. 직원과 지역 주민이 서로를 잘 알기 때문에 불량 대출의 비율은 낮고, 고객 만족도는 높다.[31] 지점장은 상부의 지시나 간섭없이 대출 결정, 예산과 운영에 대한 권한을 갖는다. 놀라운 점은 지난 50년간 한 번의 구조 조정도 하지 않았다. 심지어 직원을 뽑고 급여를 결정하는 것도 지점장이 하고, 지점마다 별도 홈페이지를 갖고 있으며 문을 열고 닫는 시간도 지점장이 알아서 결정한다. 상당수 지점은 토요일에도 문을 연다.

셋째, 단순한 경영 목표의 공유이다. 한델스방켄은 일반 기업이 행하는 '1등을 하자'거나 본부별, 부서별 매출 목표를 만드는 노력을 하지 않는다. 분기별 또는 연 단위의 수익이나 손해는 경영상 노이즈에 불과하다고 보고 연간 수익 목표, 본사 차원의 예산 계획도 세우지 않는다. 다만 '업계 평균 이상의 자기 자본 이익률·ROE Return On Equity'라는 하나의 목표만 추구한다. 복잡하지 않고 일관되게 추구되는 목표이기 때문에 모든 직원이 무엇을, 어떻게 해야 할지를 명확히 인지하고 있다. 주주에게는 최고 수익이 아닌 평균 이상의 투자 수익만을 약속하고, 50년이 넘게 업계 평균 수익률 이하를 기록한 적이 없다. 2008~2009년 금융 위기 당시에는 정부의 정책 지원을 받지 않고 배당금까지 지급해 다른 은행들의 부러움과 질시를 사기도 했다. 한델스방켄은 화려한 규모 위주의 양적 성장보다는 꾸준한 질적 성장을 지향한다.

넷째, 개인별 실적에 따른 연말 성과급을 지급하지 않는다. 이 또한 단기 수익이 아닌 장기 건전성과 성장성을 중시하는 전 CEO인 얀 발란더Jan Vallander의 철학 때문이다. 다만 직원들의 동기부여를 위해 우리사주와 비슷한 '옥토고넨Oktogonen' 펀드를 운영한다. 업계 평균 이상의 수익을 내는 해에는 바로 현금을 주지 않고 초과 수익의 3분의 1을 CEO부터 말단 사원까지 균등하게 펀드로 배분·적립한다. 이 펀드는 100퍼센트 자사주를 구입하는 데 사용하며, 각 직원은 퇴직 시 자신의 몫을 찾아갈 수 있다. 직원이 장기적인 안목을 갖고 조직을 위해 일하도록 유도하기 위함이다.

마지막 다섯 번째, 수익성보다 사업 원칙을 우선순위에 둔다. 실제로 한델스방켄의 해외 지점은 북유럽과 영국에 집중돼 있다. 성장 전략을 사용하기보다 고객과의 관계를 기본으로 하는 사업 원칙의 적용이 가능한 곳에만 진출한다는 얘기다. 따라서 산업 구조와 고객의 재무적·비재무적 변화가 빠른 신흥국에는 진출하지 않는다. 다른 북유럽 은행과는 달리 러시아 등 신흥국 시장에는 진출하지 않는 이유가 여기에 있다.

빨리 자라는 나무는 폭풍우에 가장 먼저 꺾인다. 유칼립투스나

포플러 같은 나무를 고급 가구에 쓰지 않는 것도 같은 이유다. 크기와 성장은 기업의 성공을 결정하는 요인이 아니다. 수익은 성공 자체가 아니라 성공의 결과물일 뿐이다. 객관적으로 말해서 수익은 어떤 경우에도 기업의 생명력을 담보할 수 없다. 130년의 역사를 가진 다국적 제약사인 머크^{Merck}도 성장에 집중하다가 위기를 겪었다. 1995년 머크의 CEO인 레이 길마틴^{Ray Gilmartin}은 회사의 첫 번째 사업 목표를 '가장 빨리 성장하는 회사'로 정했다. 이에 따라 혁신적 신약 개발, 수익성, 연구 개발 역량 향상 등과 같은 성장지표가 오랜 핵심 가치를 대체했고, 그 결과 머크는 위기에 봉착하게 됐다.

수익은 지속적으로 적정 수준을 유지해야 한다. 이따금 곤두박질치기도 하지만 지속적으로 성장하는 기업은 생명력이 있는 기업이라는 신호다. 경기가 바닥일 때는 개선을 통해 수익을 강화하고, 시스템을 향상해야 한다. 그런 기업은 위기일수록 절약이 아니라 투자에 매진한다. 컴퓨터 제조 업체인 인텔은 판매가 부진할 때 오히려 더 많은 돈을 투자해서 불황기를 역전의 기회로 활용했다. 또한 스타벅스는 코로나19라는 악재에도 불구하고 디지털 기업으로 변모하면서 2020년 역대 최대의 매출을 기록하며 왕좌의 입지를 굳혔다. 성공적인 비즈니스는 경기가 내리막길을 달릴 때도 멋진 고원을 달릴 수 있는 내성을 길러내는 힘이 있다. 적정한 매출, 적절한 수익, 적당한 규모를 통해 외부의 역동적인 변화에도 흔들리지 않고 지속적으로 생명력을 유지하는 것이다.

호황일 때는 성장의 문제에 주의를 기울이고, 반대로 불황일 때는 기초를 다지는 작업을 해야 한다. 심각한 경제적 위기 상황에도 감원의 유혹에 넘어가지 않고, 모두가 협력해서 해결책을 찾아야 한다. 코로나19와 같은 팬데믹 상황처럼 시장의 변화가 극단적일 때 온건한 해법이 통하지 않는 것은 당연하다. 하지만 성장 전략보다 지속적으로 가치와 원칙을 지향하는 기업은 강한 응집력으로 위기를 헤쳐나간다. 한델스방켄의 경영 모델이 성공한 것처럼 사업 원칙에 대한 두터운 신뢰가 형성되어 있다면 헤쳐 나가지 못할 위기는 없다.

Point

성장은 결코 전략이 아니다. 성장은 전략의 실행을 통해 획득할 수 있는 과실이 되어야 한다. 성장 전략보다 가치와 원칙을 지향하는 기업은 불황기일수록 역동성을 발휘하고 지속적으로 생명력을 유지하며 왕좌의 입지를 굳힌다.

골트의 협곡

2021년 6월 17일에 발생한 경기 이천시 쿠팡의 덕평물류센터 화재는 축구장 15개의 넓이에 해당되는 건물을 잿더미로 만들어버렸고, 그 과정에서 소방서 구조대장이 희생되는 안타까운 결과를 낳았다. 쿠팡의 화재는 예고된 참사였다. 노동자들은 평소에도 물류센터 내부에 종이상자, 비닐 등이 많고 먼지가 쌓여 누전·합선 시 화재 위험성이 높음을 지적해왔다. 수백 명이 모여서 24시간 일하는 곳에 여름철 엄청난 열기에도 불구하고 에어컨은 고사하고 선풍기만 24시간 돌아간다. 결국 창고 내 진열대 선반 위 멀티탭에서 불꽃이 일어나면서 우려해 온 대형 화재가 발생하고 말았다. 이뿐만 아니라 물류센터 노동자들은 과도한 노동에 내몰렸고, 2020년에만 아홉 명이 숨졌다. 2020년 5월에는 코로나19 방역 지침을 제대로 지키지 않아 부천물류센터에서 발생한 150명 넘는 집단 감염에 이어 덕평물류센터, 인천2배송캠프, 인천4물류센터, 일반1배송캠프, 서초1배송캠프, 군포배송캠프, 송파2배송캠프, 고양물류센터까지 무차별적으로 확진자가 발생했다.

그런데 소비자들을 더욱 분노하게 만든 사건은 따로 있다. 화재가 발생하고 몇 시간 지나지 않은 상황에서 김범석 이사회 의장은 법인 등기이사와 이사회 의장 등 국내 직책을 모두 내려놨다. 물론 미국 법인의 최고 경영자 겸 이사회 의장은 그대로다. 사고가 수습되기도 전에 최고 경영자가 '글로벌 경영에 전념하겠다'며 사퇴를 발표한 것은 합리적 의심을 할 수밖에 없게 만든다. 2022년 1월 27일 시행되는 '중대 재해 처벌 등에 관한 법률'을 앞두고 책임을 회피하기 위한 '꼼수'가 아니냐는 비판이 나올 수밖에 없다는 거다.

쿠팡은 '로켓배송'이라는 빠른 배송을 내세워 국내 대표 e커머스 기업으로 성장했고, 여세를 몰아 2021년 3월 미국 뉴욕 증권 거래소 NYSE에도 상장했다. 쿠팡의 매출액은 2018년 4조 3,545억 원, 2019년 7조 1,530억 원이었다. 코로나19의 특수로 2021년 3분기 매출액은 5조 4,464억 원으로 국내 e커머스 시장 점유율보다 두 배 이상 빠르게 성장했다.

성장을 위한 성장

4차 산업혁명이 본격화되면서 기업들은 '규모 경쟁'에서 '속도 경쟁'으로 더욱 집중하고 있다. 세계경제포럼^{WEB}의 클라우스 슈밥 Klaus Schwab 회장은 그의 책《제4차 산업혁명》에서 "큰 물고기가 작은 물고기를 잡아먹는 시대에서 빠른 물고기가 느린 물고기를 잡아먹는 시대로 바뀐다."고 썼다. 세계적인 광고 대행사 사치앤사치^{Saatchi & Saatchi社}의 전^前 CEO 케빈 로버츠^{Kevin Roberts}는 한술 더 떠서 "마케팅은 죽었다. 마케팅의 역할도 달라졌다. 이제 더 이상 새롭다고 할 만한 것이 없다. 이제는 스피드가 모든 것이다."라고 강조했다. 두 사람의 공통점 역시 '속도'다. 빨라야 살아남는다는 것이다. 최근에는 속도 경쟁에 대한 새로운 개념으로 '블리츠스케일링^{Blitzscaling}'이 더욱 주목받고 있다. 이 개념은 링크트인^{LinkedIn}의 창업자인 레이드 호프먼^{Reid Hoffman}에 의해 2016년에 제안된 개념으로, 기습 공격 의미하는 'blitzkrieg'와 규모 확장을 의미하는 'scale up'이 합쳐진 조어^{措語}로서 '성장을 위한 성장'을 강조한다. 지금과 같은 불확실한 상황에서 기업을 성장시키려면 효율보다 속도를 우선해야 한다는 것이 핵심으로, 경쟁사보다 먼저 사업 규모를 키우기 위해 자원을 비효율적으로 쓰는 위험도 감수한다. 레이드 호프먼은 한 강연에서 "절벽에서 떨어지고 있는 동안 비행기를 조립하라. 날개 조립만으로는 부족하며 제트엔진까지 장착하라."고 설명했다. 이는 적절한 시기에 적절한 문제를 해결하지 못하면 도태되기 때문에 짧은 시간 내에 고도로 집중해야 한다는 것을 강조한 비유라 하겠다. 블리츠스케일링은 다음의 네 가지 적용 요건을 충족해야 한다.

첫째, 진입하려는 시장이 커야 한다^{big market}. 시장이 크지 않으면 기업은 성장 한계에 직면할 수밖에 없다. 둘째, 서비스를 대규모로 유통할 수 있어야 한다massive distribution. 셋째, 비즈니스가 정상에 오를 때 얻을 수 있는 총이익이 커야 한다high gross margins. 다만 단기적으로는 저가격 정책으로 이익을 현저히 낮추기도 한다. 넷째, 가입자가 늘어날수록 서비스 경쟁력이 증가해야 한다network effect. 블리츠스케일링에 해당되는 대표적인 기업으로는 우버Uber, 위워크Wework, 리프트Lyft, 디디추싱DIDI Chusing, 슬랙Slack, 쿠팡, 마켓컬리 등 플랫폼 기업이 주를 이루고 있다.

언뜻 보면 상식적인 내용으로 보인다. 하지만 이들 기업은 설립 후 이익을 낸 적이 없는 만성 적자 기업이다. 그럼에도 큰 시장을 대상으로 빠르게 진입하기 위해 현저히 낮은 이익을 감당하며 많은 현금을 빠르게 소모한다. 물류와 시스템, 서비스 투자에도 공격적이다. 조직을 운영할 수 있는 인력도 빠르게 갖춘다. 성장을 위해서는 어떤 장애물도 용납하지 않는다. 블리츠스케일은 기습 성장에 초점을 맞추면서 빠른 투자 라운드를 추구한다. 위험을 감수하고, 공격적으로 시장을 확장하는 것이 바로 블리츠스케일링의 정수다. 짧은 기간 동안 승부를 내야하기 때문에 투자와 사업 확장에 가속 페달을 밟을 수밖에 없는 이유다.

급속한 성장은 많은 문제를 해결하는 동시에 많은 문제를 만들기도 한다. 특히 블리츠스케일링은 HR 부문에 상당한 문제를 야기시킨다. 매년 두세 배의 직원 수가 늘어가는 블리츠스케일링 기업은 일반 기업과 확연히 다른 접근법으로 경영해야 한다. 하지만 속도가 핵심인 블리츠스케일링은 가장 적합한 사람이 아니라 지금 당장 필요한 사람을 고용하고, 결함이 생기면 바로 아웃시킨다. 그 과정에서 발생하는 직원과 고객의 의견을 무시하는 것은 다반사고 불길의 징조를 보고도 방치한다. 소프트웨어 회사인 오라클Oracle은 1990년대 초 블리츠스케일링 기간 동안 지나치게 외골수로 매출 신장에만 집중한 나머지 조직은 기술과 재정 양쪽에서 심각하게 뒤쳐졌고, 거의 파산에 가까운 상태에 이르렀다.[32]

2008년 글로벌 금융 위기의 주범이었던 미국의 투자은행 리먼 브라더스Lehman Brothers Holdings도 매우 공격적인 성장 전략을 추구했다. 리처드 폴드Richard Fuld 회장은 상업용 부동산 등과 같은 고위험 – 고수익 투기 등급의 채권 매입을 늘렸고, 단기간에 경쟁사를 이겨야겠다는 일념으로 독단적인 경영을 단행했다. 이사회는 경영진을 감독할 역량과 의지가 부족했고, 이사회의 지적이 있었지만 리처드 폴드는 이를 무시했다. 수익을 위해서라면 상식마저 저버리는 리먼 브라더스의 경영 방식은 자사의 몰락뿐만 아니라 국제 금융시장에 엄청난 충격파를 안겼다. 쿠팡 물류센터의 화재에서도 빠른 성장에 집중한 나머지 몸집을 키우고 첨단을 지향한다면서도 노동 환경은 과거 환경에서 벗어나 못한 현실이 드러났다. 이런 경영 방식은 현대 경영 상식과는 동떨어진 내용이며 과격하기까지 하다. 일각에서 레이드 호프먼의 주장이 도저히 가능하지 않다고 비판하는 이유이기도 하다.

양적 성장을 넘어

코로나19는 인류에게 특별한 교훈을 남겼다. 그간의 경제적 양적 성장이 신기루에 지나지 않고 생태적으로 건전하고 회복력이 있는 질적 성장, 즉 성장을 위한 성장과 이윤 추구와 거리가 먼 인류의 보건과 안전, 기후 위기에 대한 대처가 시급함을 경고했다. 그런데 많은 사람들이 '코로나 이전과 이후는 달라져야 한다'고 동의하면서도 왜 끊임없이 양적 성장을 추구하는 걸까? 물질적 가치가 주는 효익만으로는 설명이 부족하다. 현재의 인간 사회는 더욱 효과적인 해법들이 시야에 잡히기 전까지는 사람들이 성장을 너무도 간절히 바라는 탓에 '성장 중독증'에서 절대 벗어나지 못하기 때문이다. 그도 그럴 것이 자본은 이자와 이윤, 배당을 위해 부단히 몸집을 불려야 한다. 그러다 성장률이 떨어지면 실업률과 고용 불안의 공포에 또다시 두려움을 느낀다. 또한 이미 우리 대다수는 양적 성장이 해마다 높아지는 것이 정상이며, 성장률이 떨어지거나 심지어 마이너스가 되면 위기 내지 비정상이라는 프레임에 갇혀 있다. 양적 성장에 대한 강고한 믿음이 기본으로 깔려있기 때문이다.

하지만 현재와 같이 구조화된 양적 성장은 사회적 문제점들을 비효율적으로 풀어갈 뿐 완벽하게 해결하지 못한다. 생각해 보라. 사람의 키도 20세 전후가 되면 거의 다 자란다. 청소년 시기에 키가 쑥쑥 자랄 땐, 마치 무한히 클 듯이 보이지만 어느 정도 자라면 더 이상 자라지 않는다. 그다음부터는 키라는 양적 성장보다 건강과 인

격이라는 질적 성장이 더 중요해진다.

이제 양적 성장은 균형적 성장으로 자리를 내주어야 한다. 더 이상 우리는 양적 성장을 매개로 한 임금이나 이자, 지대나 배당, 연금 등의 자본과 결탁한 공범 관계를 형성해서는 안 된다. 균형적 성장의 주체는 자본을 든 인간도 아니고 인공 지능화된 인간도 아니다. 사람을 사람으로, 협동과 공생의 관계로 정립하는 것이 균형적 성장의 중심 테마다. '공정'과 '연대'는 양적 성장을 끝장내기 위한 새로운 해법을 만드는 데 도움을 줄 수 있는 개념들이다. 우리는 현재 모두가 공급 과잉의 한계 초과 상태에 있다. 따라서 '공정'과 '연대'가 잘 운영된다면 모두에게 고루 돌아가기에 충분한 자원을 가지고 있다. 그러나 잘 관리하지 못한다면 아무리 부유하다고 해도 그 결과를 피할 수 없게 된다.

인간은 누구나 스스로 노력을 통해 도전하고 성취할 필요가 있으며 자신의 기본 욕구를 만족시키는 데에 따른 책임도 져야 한다. 또한 배달 · 택배 기사 등 직무의 특성과 관계없이 사회에 참여함으로써 만족감을 느끼고 사회의 책임 있는 구성원으로서 인정도 받아야 한다. 이러한 행동들은 반드시 이행되어야 하지만 남에게 해를 끼치면서 해서는 안 된다. 동시에 고용을 먹고 살기 위한 하나의 협상 도구로 악용해서도 안 된다. 쿠팡은 언론에 덕평 화재로 일을 못하게 된 노동자들의 생계를 보장하겠다고 했다. 그러나 쿠팡은 계약직 노동자들에게 일정 시점까지 전환 배치를 신청하라고 했고, 그렇게 하지 않으면 회사가 강제로 전환 배치를 하겠다고 했다. 그리고 사직 안내도 했다. 상식적인 기업이라면 덕평물류센터 휴업을 선언하고 휴업 급여를 지급하면서, 그 사이에 노동자들의 주거지와 의사를 고려하여 전환 배치에 대한 합의를 해야 한다. 그런데 타 센터가 노동자들을 받을 준비도 안 되어 있는데 일방적으로 전환 배치를 하고, 타 센터에서 수용하지 않는 경우 노동자들에게 기약 없이 기다리라고만 했다. 그리고 기다리는 동안 일을 하지 않으면 무급으로 처리했다.[33] 런던은 우버에게 가장 많은 매출을 안겨주는 세계 5대 도시 중 하나로 현재 약 4만 5,000명의 우버 운전사가 있다. 우버 기사들은 하루 평균 10시간을 꼬박 일하지만 수익은 최저 생계비 수준에도 미치지 못한다. 요금과 근무 시간은 모두 우버가 정한다. 기사들의 의견이 반영될 여지는 없다. 소수의 경영진들이 나머지 노동자들의 일자리를 창조한다는 좁은 생각, 더 나아가 노동자는 비용 절감을 위한 대상일 뿐이라는 편협한 시각에서 벗어나야 한다. 이 시점에서 진정으로 필요한 것은 모든 사람들이 사회에 기여할 수 있도록 필요한 것들을 제공하고 지원하며, 노동과 여가, 경제 산출물들을 공평하게 나눠주고, 또 여러 가지 이유로 인해 일할 수 없는 사람들도 그냥 포기하지 않는 그런 경영 방식이다.[34]

아무리 속도 경영을 잘해도 영원히 성장하는 기업은 없다. 시장의 존재는 유한하기 때문이다. 더 이상 성장하지 않거나 정점에 다다랐으면 블리츠스케일링이 추구하는 양적 성장을 멈춰야 한다. 쿠팡, 우버와 같은 블리츠스케일링 기업에서 가장 어려운 문제 중 하나는 기존에 따르던 전략이 더 이상 먹히지 않을 때 멈춰야 하는데 그 시점을 제대로 알지 못한다는 것이다. 내부는 곪아가고 있지만, 외형은 성장하고 있기 때문이다. 성장이 멈췄을 때 전략을 수정하는 일은 참으로 바보 같은 짓이다. 다음의 네 가지는 멈춰야 할 때를 알아챌 수 있게 해주는 중요한 지표들이다.

- 직원 생산성 저하
- 간접 관리비 및 운영비 증가
- 성장 속도의 둔화
- 고객 로열티를 측정하는 지표인 순 고객 추천 지수^{NPS} 하락

| 전략 수정 타이밍을 보여 주는 네 가지 지표 |

미국 소설가 아인 랜드^{Ayn Rand}의 대표작 《아틀라스^{Atlas Shrugged}》의 등장인물 대그니 태거트^{Dagny Taggart}는 '골트의 협곡^{Galt's Gulch}'을 횡단한다. 여기서 등장하는 '골트의 협곡'은 선도적인 기업가, 예술가, 철학자, 그리고 다른 위대한 인물들이 모여 주류 사회를 탈퇴하고, 국가의 음모를 피하기 위해 소설의 주인공 존 골트가 설립한 공동체다. 즉, 공동의 비전을 지닌 사람들이 함께 어우러져 살고 싶어 하는 이상적인 안식처를 뜻한다. 오랫동안 높은 성과를 보이는 기업은 양적 성장뿐만 아니라 타인에게도 깊은 관심을 기울인다. 혁신적인 아이디어와 파괴적인 기술의 시대에 상호 연결과 배려는 더욱 중요하다. 이것이 양적 성장을 극복하고 균형적 성장으로 가는 이상적인 기업

의 모습이 아닐까. 바라건대 쿠팡이 꼭 골트의 협곡을 횡단하기를
기대해 본다.

Point ●

오늘날 '성장을 위한 성장'을 강조하는 블리츠스케일은 분명 한계가 있다. 소수의 경영진들이 나머지 노동자들의 일자리를 창조한다는 좁은 생각, 더 나아가 노동자는 비용 절감을 위한 대상일 뿐이라는 편협한 시각에서 벗어나야 한다.

PART 3

Operating

불문율에 도전하라

"학습의 가장 큰 장애물은 이미 다 알고 있다는 생각이다."

존 맥스웰 John Maxwell

가장 빠르고 유연한
기업의 비밀

경영은 인간이 만들어 낸 기술이다. 20세기 프레드릭 테일러
Frederick Taylor의 고전적 경영학이 성립된 후 110년이 지난 지금도 경영
의 핵심은 크게 달라지지 않았다. 아직도 통제가 경영의 중추적인
신조이며, 외재적 동기가 여전히 사람을 움직이는 주요한 도구로 활
용되고 있다. 산업이 발달할수록 적절한 수준의 통제를 넘어 '해야
하는 일'과 '하지 말아야 하는 일'에 대한 엄청난 양의 통제 목록이
생산되었다. 대부분 공식화되어 있지만, 불문율이라 불리는 암묵적
통제까지 더해지면서 절차와 규칙을 준수하는 것이 모든 것을 압도
하게 된다.

서울의 한 중견 기업에 근무하고 있는 김모 씨는 상급자인 전무
의 메일 주소 순서를 상무보다 뒤에 넣어 면박을 받아야 했다. 이메
일 직급 순서의 불문율을 지키지 못한 것이다. 공공 기관에 근무하

고 있는 박모 씨는 팀장에게 '박○○ 드림'이라고 썼다가 격식과 예의 없는 존재로 낙인찍혔다. 팀장이 원하는 문구는 '박○○ 올림'이었다. 이 공기관은 이메일을 둘러싼 조직 내부의 갈등이 늘어나자 '이메일 작성 가이드라인'이라는 제도를 만들어 통제에 들어갔다.

오늘날 경영학이라는 개념은 근로자들의 기본적인 본성에 대한 가정을 기초로 정립되었다. 기업이 성장과 혁신을 위해서는 직원들의 자극이 필요하며, 통제나 보상이 없으면 타성에 젖어 제자리에 머물게 되고, 결국 기업은 도태되고 만다. 이런 전제가 과연 인간의 기본적인 본성일까?

두 살 아이들의 행동을 관찰해보자. 아이는 자신이 독립적이고 싶은 욕망을 표출한다. 또한 많은 호기심을 보여주기 시작한다. 세상이 어떻게 돌아가는지 알고 싶은 욕망으로 가득하다. 두 살 이하의 아이들이 호기심 없고 자기 주도적이지 않은 아기를 본 적이 있는가? 나는 한 번도 본 적이 없다. 그런데 부모가 아이의 한계를 정하고, 타고난 호기심의 방향을 통제하고 제약한다면 그 아이는 수동적이며 타성에 젖게 된다. 그것은 인간의 본성이 수동적이어서가 아니라 인간의 자의적인 통제에 의해 나타난 명백한 결점이다. 이러한 현상은 상사가 부하직원에게, 학교 선생님이 학생들에게, 부모가 아이에게 대우하는 방식으로 전염되어 다양한 문제점을 야기한다. 어쩌면 인간이 수동적이고 타성에 젖게 만든 이유는 우리 모두의 책임이 아닐 수 없다.

도시와 조직의 차이

"도시의 규모가 두 배가 될 때마다 주민 한 사람의 혁신성이나 생산성은 15퍼센트 증가한다. 하지만 기업의 규모가 더 커질 때 직원 한 사람의 혁신성이나 생산성은 오히려 감소한다." 이 주장은 온라인 쇼핑몰인 자포스Zappos를 창업해 이커머스 부분에서 혁신 기업으로 주목을 받았고, 직원 만족을 통한 고객 만족이라는 독특한 기업 문화를 만든 토니 셰이Tony Hsieh가 남긴 유산이다. 토니 셰이는 자포스에 도시의 자율적 운영 방식을 적용했다. 조직은 커지면 관료화되지만 도시는 사람들이 지역의 경계와 책임을 인지한 상태에서 자신이 원하는 방식대로 자율적으로 살아간다. 물론 도시에도 조직처럼 합의된 법규가 있고, 그런 법규를 집행하는 공무원이나 단체가 있지만, 일일이 사람들을 쫓아 다니며 명령이나 지시를 내리는 상사는 없다. 만약 있다면 그것은 범죄다. 또한 도시 주민들이 자신이 내리는 모든 결정에 대해 상사의 허가만을 기다려야 한다면 도시는 금세 마비되고 말 것이다.[35] 도시는 테일러리즘의 경영 패러다임이 아니기 때문이다.

미국의 만화 《딜버트Dilbert》를 아는가? 세계적 만화 작가인 스코트 애덤스Scott Adams가 1989년 4월 16일부터 시작해 지금까지 매일 웹 사이트에 업로드되고 있으며, '유나이티드 피처 신디케이트United Feature Syndicate'를 통해 전 세계 65개국의 25개 언어로 2,000여 개의 신문에 연재되었다. 이런 상상을 해보자. 만약 스코트의 상사가 "이러저러한 그림을 그리시오. 정확히 오전 9시부터 오후 6까지 그림을 그리고, 반드시 이럴 땐 이러한 기법을 사용하시오."라는 지시를 받았다면 오늘날 딜버트의 역사가 만들어졌을까? 나의 이러한 상상에 스코트는 다음과 같이 주장한다. "내 스케줄을 통제하는 것 이상으로 내 성공에 중요한 요인도 없다. 나는 새벽 다섯 시부터 아홉 시까지가 창작 능력이 최고조에 달한다. 나에게 상사나 동업자가 있었다면 그들은 이런저런 이유를 대면서 나만의 최고 창작 시간을 망쳤을 것이다."

자율성에 대한 조직의 운영 방식을 거론하기 전에 우리가 흔히 사용하는 단어인 '자유'와 '자율'의 차이에 대해서 명확히 짚고 가보자. 2020년 코로나19로 인해 직원들이 보다 자유롭게 일할 수 있는 조직 문화와 환경을 조성하는 것의 필요성이 대두되었고, 어떤 기업은 바이러스를 피해 강제적으로 시행하는 사례도 적지 않았다. 이로 인해 기업들은 근무 복장에서부터, 출퇴근 시간, 정보 공유 방법, 성과 평가, 승진 및 보상 제도에 이르기까지 경영 전반의 영역에서 자율적 분위기를 조성하기 위해 애를 쓰고 있다. 자유로운 일터에서 창의적인 사고와 자발적인 참여가 일어난다는 믿음에서 비롯된 것이지만, 직원들에게 자유를 제공하는 노력이 성공하려면 무엇보다 책임 의식이 선행돼야 함을 간과해서는 안 된다.

자유와 자율은 별반 차이가 없는 것 같지만 따져 보면 엄청난 차이가 있다. 자유의 사전적 의미는 "외부적인 구속이나 무엇에 얽매이지 아니하고 자기 마음대로 행동함"이라는 뜻이다. 반면 자율은

"자기 스스로 자신을 통제하여 절제함"이라는 뜻을 지니고 있다. 다수의 회사들은 구성원들에게 무조건적인 자유를 주기보다 자율적으로 행동하기를 요구한다. 조직의 원칙을 지키며 주어진 책임을 다하고, 가치 창출에 기여하는 모습이 바로 자율인 것이다. 쉽게 말해 누가 시켜서가 아니라 스스로 자기 일을 찾아 수행하고 임무를 완수하는 사람이야말로 조직이 필요로 하는 자율적 인재인 것이다.

자율성의 영향력

토니 셰이의 조직의 도시화 운영 방식과 스코트 애덤스를 세계 최고의 만화가로 거듭나게 만든 자율성이 개인의 성과와 태도에 어떠한 영향력을 행사하는지 구체적으로 살펴보자. 초등학생 4학년의 아이를 대상으로 여섯 명씩 두 그룹으로 나뉘어 시험 문제를 풀게 하는 실험을 실시했다.[36] A그룹 여섯 명의 아이들에게 선생님이 한 시간 동안 꼼짝하지 않고 80개의 문제를 모두 풀어야 한다고 말한다. 반면 B그룹 여섯 명의 아이들에게는 80문제 중에 어떤 과목을 풀지, 또 몇 문제를 풀지 선택권과 자율권을 주었다. 결과는 어땠을까?

A그룹은 선생님이 나간 후 시간이 흐를수록 아이들은 자세가 흐트러지며 집중력이 떨어지기 시작한다. 대부분의 아이들이 집중한 시간은 평균 20여 분이다. 20분이 넘어가면서 아이들은 문제를 푼

다기보다 그저 시간을 버텨내는 모습을 보인다. 한 시간 후 여섯 명의 아이들은 지시대로 80문제를 모두 풀었다. 이후 학생들에게 다음의 질문이 주어졌다.

"혹시 문제 푼 것 중에 기억에 남는 것이 있어요?"

"없어요."

"한 시간 동안 문제를 계속 풀라고 하니깐 어떤 기분 들었어요?"

"지루해요.", "풀기가 싫었어요."

지시와 강요에 의해 80문제를 푼 아이들 중에 한 명을 제외하고는 문제의 내용을 전혀 기억하지 못했다.

그렇다면 B그룹은 어땠을까? 아이들은 원할 땐 쉬기도 하면서 문제를 풀어간다. 대부분의 아이들은 30분이 지나가도록 놀라운 집중력을 보인다. 한 아이는 20문제를 풀기로 했는데 약속했던 20문제를 가볍게 풀고 만화책을 본다. 기분도 좋아 보인다. 다시 그 아이는 신나게 놀더니 자리로 돌아와 두 번째 시험문제를 푼다. "혹시 문제 푼 것 중에 기억에 남는 것이 있어요?"라는 질문에 "재밌었어요.", "풀다 보니 쉬웠어요."라는 답변이 나왔다. 약속했던 문제 수보다 스스로 80문제를 모두 푼 아이는 다섯 명이나 되었다. "기억에 나는 문제가 있어요?"라는 질문에 '소수계산, 다각형', '생산 활동' 등 한 명을 제외하고 문제 대부분의 내용을 기억하고 있었다. 물론 시험 결과에서도 큰 차이를 보였다.

A그룹(지시와 의무)
B그룹(선택과 자율)

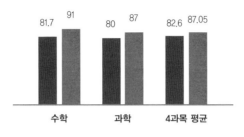

| 초등학교 시험 결과 |

　　공부하는 시간과 방법에 대한 선택권과 자율권을 부여받은 아이들이 훨씬 더 높은 점수를 받았다. 물리학 천재라 불리는 알버트 아인슈타인은 수학과 과학을 정말 좋아해 어릴 적부터 스스로 공부하고 탐구했다. 그런데 고등학교 시절 그의 수학과 과학 성적은 엉망진창이었다. 지시와 강압에 의한 주입식 교육을 하는 선생님을 만난 이후 두 과목을 싫어하기 시작하면서 책을 손에서 놨기 때문이다. 천재성의 유무와 상관없이 어떻게 자율성을 발휘하느냐에 따라 개인이 의욕있게 일에 임할 수 있고 능력을 발휘할 수 있다는 것을 보여 주는 대목이다.

　　자율성은 개인의 성과와 태도에 강력한 영향력을 행사한다. 자율성은 차별화된 결과를 가져오는 것은 물론 높은 행복 지수, 낮은 피로감, 목표 달성에 대한 끈기와 일에 대한 가치 부여 수준이 높다. 이러한 결과는 일터로도 이어진다. 코넬대학교에서 영세 및 중소 기업 320곳을 대상으로 연구한 결과 이들 회사 중 절반은 직원들에게 자율성을 허용했고, 나머지 절반은 전통 관료 조직의 지시 체제를 따랐다. 자율성을 부여한 회사는 전통 관료 조직에 비해 네 배 더 성장했으며, 이직률은 3분의 1에 불과했다.[37]

오늘날에는 손으로 하는 일보다 두뇌를 활용해 창의성을 발휘하는 일이 더 많은데, 이러한 두뇌를 활용한 업무가 원활히 이루어지려면 자율성에 대한 개념이 새롭게 바뀌어야 한다. 영국의 엑시터 대학 심리학자인 알렉스 하슬람Alex Haslam과 크레이그 나이트Craig Knight는 사무실 환경이 직원들의 업무에 어떠한 영향을 미치는지 실험을 진행했다.[38] 사무실은 네 가지 행태로 배치되었는데 첫 번째 사무실은 깔끔한 공간에 종이와 연필만 놓여 있는 깨끗한 책상 하나와 회전의자 하나로 이루어졌다. 두 번째 사무실은 깔끔한 공간에 약간의 장식적 요소를 가미한 상태로, 식물을 클로즈업한 커다란 사진 인쇄물을 벽에 걸어 놓았다. 세 번째 사무실은 두 번째 사무실과 비슷해 보였지만 피실험자들이 자신들이 원하는 대로 사무실을 꾸밀 수 있는 시간을 주었다. 사무실을 꾸미는 일이 모두 끝나면 실험자가 들어와 원래 장식이 있었던 위치대로 되돌려 놓았다. 마지막으로 네 번째 사무실은 두 번째 사무실과 똑같이 꾸민 공간에 피실험자를 초대한 뒤 자신의 취향에 맞게 모든 것을 재배치할 수 있게 해주었다. 원한다면 모든 물건을 다 치우고 더욱 깔끔한 사무실이 될 수도 있고, 다른 물건을 더 추가해 지저분한 사무실이 될 수도 있었다.

결과는 어떻게 되었을까? 피실험자들에게 자율권을 준 네 번째 사무실의 성과는 대단했다. 깔끔한 첫 번째 사무실에 비해서는 30퍼센트, 깔끔한 공간에 약간의 장식을 한 두 번째 사무실에 비해서는 15퍼센트 더 많은 일을 해냈다. 피실험자들에게 깔끔한 사무실을 줬다가 자율권을 박탈한 세 번째 사무실은 두 번째 사무실에 비해 생산성과 일에 대한 의욕도 매우 낮았다.

작업 환경보다 훨씬 더 중요한 것은 바로 누가 그곳을 꾸몄느냐 하는 것이다. 즉 물리적인 환경조차도 사소해 보이는 것부터 직원들의 자율성을 보장해주는 것이 무엇보다 중요하다는 것이다.

이러한 실험 결과에도 불구하고 우리나라 대부분의 사무실은 직원들의 두뇌를 활용하기 위한 목적과 그들의 생산성을 생각하며 설계되지 않았다. 그저 관리자 취향대로, 예산의 범위 내에 일괄적으로 꾸며질 뿐이다. 사실 따지고 보면 대한민국 사회에서의 조직 생활은 감옥이나 수용소의 삶과 크게 다르지 않다. 매일 같은 공간과 정해진 시간에 시킨 일을 하고, 구내식당에서 똑같은 밥을 먹고, 출장을 가고, 콩나물 시루가 되어 퇴근을 한다. 자신의 의지대로 할 수 있는 일이 거의 없다. 앞서 살펴본 초등학교 실험의 B그룹 아이들처럼 높은 행복지수, 낮은 피로감, 일에 대한 가치 부여 등은 그저 영화적 이상주의로 치부해 버릴 뿐이다. 상황이 이러하니 21세기 대부분의 경영 개념에는 인간이 선수보다는 체스 보드위의 말에 불과하다고 전제한다.

규칙 없음

코로나19로 경제 불확실성이 심화하면서 그간 경제서, 투자서 가 인기를 끌었다. 그런데 경제서도, 투자서도 아닌 한 기업의 조직 문화를 소개하는 《규칙 없음》이 출간되자마자 베스트셀러의 반열 에 올랐다. 《규칙 없음》은 넷플릭스 CEO인 리드 헤이스팅스Wilmot Reed Hastings Jr.가 직접 넷플릭스의 기업 문화를 소개하는 내용을 담고 있다. 사람들이 이 책에 많은 관심을 갖는 이유는 자율성만으로 2021년 기준 23조 8,954억 원의 매출을 달성하며 유별난 성공 가도를 달려 왔고, 또 그들의 성공을 2억 명이 넘는 고객들이 안방에서 시각적으 로 확인을 했기 때문이다.

넷플릭스는 휴가, 출퇴근, 출장비 지출 등의 규정이 없다. '넷플 릭스에 가장 이득이 되게 행동하라'는 원칙밖에 없다. 알아서 상식 선에서 자율적으로 판단하라는 거다. 게다가 스톡옵션 정책도 기존 의 관행을 따르지 않고 직원들에게 자신이 받을 스톡옵션의 비율 을 자율적으로 선택하게끔 한다. 많은 스톡옵션을 원하면 연봉 금액 을 그만큼 낮추면 된다. 개인이 감내할 수 있는 리스크의 정도를 판 단하고, 자신과 가족에게 가장 좋은 이득이 되는 선택하게 한다. 넷 플릭스 주식은 매월 시장 가격보다 할인된 가격으로 지급할 수 있 으며, 별도의 옵션 행사 기간이 없어서 스톡옵션을 받은 주식은 즉 시 현금화할 수 있다. 대부분의 기업들은 스톡옵션 제공 시 4년간의 기간을 두어 직원들이 쉽게 그만두지 못하게 만드는 '황금수갑golden handcuffs'으로 활용하고 있지만, 넷플릭스는 더 좋은 곳으로 갈 기회가 주어진다면 그동안 번 돈을 들고 떠날 자유가 있어야 한다고 강조한다. 더 이상 해당 조직에서 일할 생각이 없는 직원을 잡아두는 것은 인질로 삼은 셈이다.

규정을 없애니 관료주의적 풍조가 줄었고, 누가 언제 얼마 동안 자리를 비우는지 추적하는 데 들여야 할 행정 비용도 사라졌다. 절차가 없으니 일의 속도도 빨라졌다. 무엇보다 직원들의 자율성을 회사가 믿고 있다는 것을 보여줌으로써, 직원들은 스스로 더욱 책임감 있게 행동하게 되었다. 물론 자율성이 무제한의 자유를 의미하는 것은 아니다. 재무팀에서는 해마다 매년 경비의 10퍼센트를 무작위로 골라 감사를 한다. 조직의 이득을 무시한 과도한 지출을 찾아내기 위함이다. 이를 통해 그런 사례가 적발되면, 해당 직원은 그날로 짐을 싸야 한다.

직원들의 자율성을 극대화하는 조직의 시초는 넷플릭스가 아닌 1978년 미국 텍사스에서 시작한 친환경 농산물 유통업체인 홀푸드마켓Whole Foods Market이다. 2015년 기준 약 18조 8,600억 원의 매출액과 직원 9만여 명의 거대 기업으로 성장했다. 홀푸드마켓은 경제 전문지《포천》이 '미국에서 일하기 좋은 100대 기업' 순위를 발표하기 시작한 1998년도부터 지금까지 해마다 이 리스트에 이름을 올렸다. 자율성을 극대화하는 조직 문화를 가진 홀푸드마켓은 점포 내 각 팀 단위별로 권한을 위임한다. 각 매장은 약 여덟 개의 팀으로 구성되어 있고, 각 팀은 가격 결정이나 주문, 채용, 매장 내 제품 홍보

등 운영상 중요한 모든 결정을 스스로 내린다. 이러한 운영 방식은 전 세계 시장 점유율 1위인 도요타의 경영 방식과 같은 맥락을 보인다. 도요타는 매출과 이익 상승을 목표를 삼지 않는다. 상부의 지시가 아닌 시장의 목소리로 생산 대수가 정해진다.

다시 홀푸드마켓으로 돌아가 보자. 홀푸드마켓은 본사에서 내려오는 규칙을 최소화하여 운영한다. 대신 각 팀은 수익으로 평가를 받으며 그에 대한 책임은 직접 진다. 각 팀원들은 채용의 권한도 가지고 있다. 직접 일할 동료를 채용하는 권한을 가지고 있지만, 단순히 개인적 친분이나 선호에 의해 채용하지 않는다. 신입 동료가 제 역량을 발휘하고 제대로 일해야 팀의 성과가 높아지기 때문에 오히려 스스로 엄격하고 꼼꼼하게 신규 인력 채용을 검토하게 된다. 자율권과 함께 책임 의식을 강조하는 홀푸드마켓의 이러한 시스템은 관료적인 지시와 통제는 줄어들었고 반면 구성원들의 동기부여는 올라갔다. 이 회사의 간부들은 직원들에게 "주인의식을 가지라."는 말을 하지 않는다. 아시다시피 굳이 할 필요가 없는 것이다. 2017년 아마존은 홀푸드마켓을 137억 달러(15조 6,728억 원)에 인수했다.

테일러리즘의 고전 경영학은 보수와 같은 외재적 동기가 사람을 움직이는 주요한 도구로 활용되고 있음을 강조한다. 그런데 현실은 어떠할까? 여전히 외재적 동기는 중요한 보상의 도구다. 충분한 보수를 제시하지 못하면 아예 인재를 얻을 수 없기 때문이다. 하지만 분배적 공정성이 어느 정도 충족이 되면 돈은 그 이상의 동기로 역할을 하지 못하고 다른 고차원의 농기요인이 필요해진다. 고차원 동기요인의 전제는 인간은 발전하기를 원하는 역량의 욕구를 채우는 것에 있다. 그것에 바탕은 자율성에 기반한다.

　미래를 내다볼 줄 아는 몇몇 기업들은 고차원적인 동기 요인인 자율성의 중요성을 깨닫고 이를 실천한다. 지라Jira, 힙챗HipChat 등 프로젝트 관리나 사내 커뮤니케이션에 쓰이는 소프트웨어를 만드는 아틀라시안Atlassian의 창립자인 마이크 캐논 브룩스Mike Cannon-Brookes가 그러하다. 그는 승승장구하던 회사들이 몰락하는 것을 보면서 자기 회사만큼은 다르기를 바랐다. 그래서 창의성과 재미를 불러일으키기 위해 정규 업무와 상관없는 자신이 원하는 문제에 대해 하루를 온전히 허용하겠다고 결심했다. 아틀라시안은 24시간 동안 자율성과 창의성을 마음껏 발산하는 이 날을 '페덱스 데이'라고 부른다. 그렇다. 당신이 생각하고 있는 배달 서비스를 하는 페덱스가 맞다. 하룻밤 사이에 아이디어를 배달해야 하는 의미를 담고 있기 때문이다. 목요일 오후 두 시에 페덱스 데이가 시작되어 금요일 오후 네 시가 되면 전 직원이 참석한 가운데 맥주와 함께 자신의 결과를 발표한다. 이 엉뚱해 보이는 페덱스 데이에 신제품에 대한 다양한 아이디어와 기존 제품과 관련된 수많은 보완책들이 쏟아져 나왔다. 아틀라시안의 페덱스 데이는 대단히 성공적이었다. 일 년의 시험 기간 동안 무려 48개나 되는 프로젝트가 새로 시작되었다. 직원들은 정규 근무시간보다 페덱스 데이의 시간이 훨씬 효율적이라는 사실을 발견하게 된 것이다. 이후 캐논 브룩스는 자율성의 시간을 아틀라시안의 영구적인 조직 문화로 만들겠다고 결심했다. 현재 그는 호주에서 넷플릭스의 리드 헤이스팅스 같은 존재로 불린다. 참고로 아틀라시안은 영업 인력 없이 성공한 기업으로 미국 경제지 포천^{Fortune}이 선정한 100대 기업 중 80곳 이상이 아틀라시안의 제품을 쓰고 있다. 국내 대기업인 삼성과 LG도 아틀라시안의 고객이다.

이쯤되니 글로벌 기업들이 가만히 있을리 만무하다. 트위터와 에어비앤비는 스스로 일을 찾아서 해야 하고, 프로젝트 내 각종 결정은 상사가 아닌 스스로 하게끔 만들었다. 이런 문화에 익숙하지 않은 신규직원들은 직원이 제대로 일하는지 통제하거나 감시하지 않아도 회사가 성장하는 모습을 보고 신기해하기도 한다.

업무에 자율성을 부여하는 것은 대단히 중요하며, 이 자율성이 기업의 엔지니어에만 국한된 것도 아니다. 워싱턴 D.C에 위치한 메드스타 조지타운 대학병원에서는 간호사들이 자신의 연구를 수행할 자유를 부여받은 결과 병원의 프로그램과 정책에 큰 변화가 이루어졌다고 한다.[39] 자율성은 다양한 분야에서 적용 가능하며, 조직의 혁신과 정책의 변화에 이르기까지 엄청난 잠재력을 보여준다.

자율성의 기술

소비자들에게 애플을 각인시킨 광고 "Think different", 대림산업 "진심이 짓는다", 현대카드 "옆길로새", SK이노베이션 "생각이 에너지다" 등 다양한 창의적인 광고를 만든 이 회사는 바로 TBWA

＼Chiat＼Day다. 1968년에 설립한 이 광고 회사는 장난기 넘치는 공간이 가득했고 엉뚱한 회사였다. 세계 최고의 광고 회사로 이름을 떨치며 승승장구한 TBWA＼Chiat＼Day는 자유로운 조직 문화를 만들기 위해 벽을 허물고, 칸막이와 책상, 개인 공간을 모두 없앴다. TBWA＼Chiat＼Day의 CEO인 제이 샤이엇Jay Chiat은 직원들의 창의성과 혁신성을 더하기 위해 다음과 같은 행동 원칙을 정해서 직원들이 실행하도록 독려했다. "로비에 갈 때는 미끄럼틀을 타고 내려가라.", "천장에 걸린 자동차 모양의 공간에서 미팅을 해라.", "외설스러운 설치 미술을 즐겨라.", "매일 새로운 자리에서 일하라." 샤이엇은 오픈된 사무실을 만들고 다양한 교류 공간을 제공해 놓으며 직원들이 협력해서 더 창의적인 아이디어가 나올 거라 생각했다. 하지만 직원들은 창의적이기도, 즐겁지도 않았다. 직원들은 한 곳에서 집중할 수 없었고 이리저리 쫓기며 계약서, 스토리보드를 종이에 급조해 일을 처리해야 했다. 급기야 짐수레에 개인 물건을 담아 옮겨 다니거나 자동차 서류를 보관하며 주차장을 오가는 직원까지 등장했다. 결국 회사를 떠나는 직원이 속출하였고, 연이은 광고 수주도 실패하면서 심각한 매출 하락에 직면했다.

이곳의 가장 큰 문제는 즐거움을 강요한다는 것이다. 결국 칸막이가 돌아왔고 직원들에게 개인 업무 공간이 주어졌다. 직원들의 창의성과 조직의 성과는 칸막이가 돌아오듯 다시 돌아왔을까? 급작스런 폐쇄성으로 직원들의 적응력은 저하되었고, 스트레스는 가중되었다. 당시 직원들의 목소리는 이러했다. "너무 답답해요.", "우리가 원하는 건 이런 게 아니라고요." 결국 이 회사의 혁신은 모두 실패로 돌아갔다. 직원들에게 중요한 것은 사무실에 칸막이를 치느냐 아니냐가 아니다. 아무리 창조적인 근무환경과 조건을 내세우더라도 자율성이 훼손되면 성장을 장담할 수 없다. 원하는 대로 일할 수 있는 자율성이 주어지느냐가 가장 중요하다.

TBWA\Chiat\Day의 실패 사례에서 보듯 직원들에게 자율성을 부여하는 것은 결코 쉬운 일이 아니다. 어느 날 갑자기 일을 찾아서 성과를 내보라고 한다면 직원들은 선장 잃은 선원처럼 우왕좌왕하게 될 것이다. 그렇다면 자율성이 있는 조직을 만들려면 어떻게 해야 할까?

먼저 자율성 부여가 회사 전체의 목적에 걸맞게 움직이도록 하기 위해서는 직원들이 회사의 경영 철학과 기업의 핵심 가치를 깊이 이해하고 공유해야 한다. 넷플릭스는 다음의 세 가지 핵심 가치를 강조한다.[40]

① 항상 회사의 이익이 되는 방향으로 행동한다.
② 다른 사람의 목표 달성을 어렵게 하는 행위는 하지 않는다.
③ 자신의 목표를 성취하기 위해 최선을 다한다.

그 외에는 각자 하고 싶은 대로 해도 된다.

두 번째로 철저한 책임 의식을 강조해야 한다. 적당히 일하고 자율성의 조직 문화를 흐리게 만드는 '무임승차자'가 존재하지 않기 위해서는 구성원들의 강한 책임 의식이 수반되어야 함을 구성원들에게 명시할 필요가 있다.

마지막으로 조직과 리더의 입장에서 '인내 비용^{endurance cost}'을 견뎌야 한다. 구성원에게 자율성을 부여하고 그들이 성과를 창출해 낼 때까지 기다려줄 수 있어야 한다는 의미다. 예상보다 기대에 부응하는 성과가 나오지 않는다는 이유로, 또는 내가 하던 방식과 다르다는 이유로 참지 못하고 구성원의 업무에 개입하기 시작하는 순간, 구성원의 자율성 부여는 불가능해진다.[41] 고어^{Gore & Associates}사의 CEO인 테리 켈리^{Terri Kelly}는 직급이나 직책의 틀에 얽매이지 않고 개인의 창의적 자율성을 최대한 허용하는 혁신적인 조직 문화를 만든 인물이다. 그 역시 다음과 같이 리더의 인내 비용의 중요성을 강조한다. "구성원들에게 자율성을 부여하기 위해서는 리더십부터 달라져야 한다. 리더가 힘을 넓게 배분하고 조직 내 혼돈과 구성원들의 다양한 관점을 잘 참아내야 한다."

이제 이 시대는 더 나은 경영혁신을 요구하지 않는다. 이 시대는 자율성의 부흥을 요구할 뿐이다.

(Point •)───────────

테일러리즘은 보수와 같은 외재적 동기가 사람을 움직이는 주요한 도구로 활용되고 있음을 강조해왔다. 하지만 오늘날 고차원 동기 요인의 전제는 인간은 발전하기를 원하는 역량의 욕구를 채우는 것에 있다. 그것에 바탕은 내재적 동기인 자율성에 기반한다.

● ❷ 거꾸로 교실

1945년 9월부터 시작된 미 군정기의 교육은 불과 3년밖에 안 되는 짧은 기간이지만 현대 한국 교육의 기틀이 마련되었다는 점에서 한국 교육사에 중요한 시기다. 그런데 안타까운 점은 76년이 지났음에도 아직도 그때 그 교육 방식을 그대로 고수하고 있다는 것이다. 그 대표적인 예가 방과 후 숙제다. 아침에 등교한 아이들은 선생님이 가르치는 수업 내용에 참여하고 방과 후 숙제를 한다. 문제는 일단 하교를 하고 나면 집중하기가 어려워진다. 가정 형편에 따라 차이가 크게 벌어지는데 가난한 아이들은 집안일을 돕거나 아르바이트를 해야 하며, 숙제가 어려워도 도움을 청할 곳이 없다. 부모님에게 물어봐도 수업 내용을 이해하지 못하기 때문에 아무런 도움이 안 된다. 집안은 어지럽고 동네는 위험하다. 시간이 갈수록 아이들은 공부와 멀어지고 숙제는 쌓이기만 한다.

이런 문제는 미국 미시간주의 디트로이트 교외에 위치한 클린턴데일고등학교에서도 발생했다. 학생들의 성적은 몇 년째 곤두박질치고 있었다. 학교 예산은 삭감되었고 2008년 미국 자동차 산업의 붕괴로 디트로이트 학생들의 80퍼센트가량은 주정부 보조금 급식자 명단에 오를 만큼 가난했다. 이 지역의 실업률은 14퍼센트에 육박했고, 도심 전체가 버려진 건물이 즐비한 유령도시처럼 변했다. 가정이 어려우니 학생들은 숙제나 시험 따위에 신경 쓸 겨를이 없었다.

특단의 조치가 필요했다. 학교는 아이들이 학업에 좀 더 관심을 갖게 만들기 위해 새로운 교사도 투입하고 다양한 교육 방법을 시도했지만 모조리 실패했다. 주정부는 학교 문을 닫고 이곳을 자율형 공립학교로 바꾸거나, 교장을 해고한다고 협박했다.[42]

그로부터 2년 후 학교는 기록적인 졸업생을 배출하며 전국적인 찬사를 받았다. 무슨 일이 있었을까? 미국 교육계의 파란을 일으킨 존 올리버Jon Oliver가 도와줬을까? 아니면 하버드대학교에서 특별 과외라도 받은 걸까? 아니다. 해답은 뜻밖에도 야구에서 나왔다. 야구팀 코치는 포지션별, 상황별 어떤 역할을 해야 하는지 영상을 제작하여 수업 전에 선수들에게 스스로 학습하고 오게끔 했다. 그럼 실제 수업 시간에는 무엇을 하나? 야구장에 나와 3열 횡대로 우두커니 서서 코치의 말을 듣는 것이 아니라 연습다운 '연습'을 한다. 이런 방식으로 진행된 팀은 연승을 이어갔고 부모들은 열광했다.

클린턴데일 고등학교는 야구와 같은 방식을 접목했다. 선생님은 사전에 만들어놓은 수업 내용을 학생들에게 보고 오게 했다. 등교한 아이들은 수업 시간에 숙제를 한다. 이 순간 선생님은 지식 전달자가 아닌 큐레이터의 역할을 한다. 큐레이터란 넘쳐나는 콘텐츠 가운데 어떤 정보가 가치가 있는 것이며 꼭 필요한 정보인지를 추려내 새로운 가치를 부여하는 것을 의미한다. 단순히 수업을 진행해서 교과 목표에 맞는 과목 진도를 나가는 것이 선생님의 역할이 아니라 개별 아이들의 눈높이에 맞게 도움을 준다. 옆 학생에게 어려운 부분에 대한 도움을 받을 수도 있다. 4차 산업혁명 시대에 필요한 역량인 비판적 사고력, 협업 능력, 소통 능력, 창의성이라는 교육적인 목표와 아이들 스스로 구조화시키는 학습 환경이라는 형태의 '거꾸로 교실Flipped Classroom'이 탄생하게 된 것이다. 과거에는 수업 시간의 80퍼센트를 수업 듣는 데 쓰고, 20퍼센트는 개인별로 숙제를 했다면, 이제는 그 비율이 20대 80으로 바뀌었다.

변화에는 저항이 따르는 법, 많은 교사들이 '거꾸로 교실'의 도입을 반대했다. 이유는 단순했다. 교사들이 교육받고 배운 모든 내용에 위배될 뿐만 아니라 미국 교육 역사상 300년 된 교육 모델을 뒤집는 것이기 때문이다.

하지만 '거꾸로 교실'이 학생과 교사뿐만 아니라 교사와 교사 간에도 소통이 활발히 일어나면서 긍정적인 조직 문화로 자리잡게 되었다. 무엇보다 학생들에게 상당한 변화가 나타났다. 낙제 비율이 줄고, 졸업률이 상승하게 된 것이다.

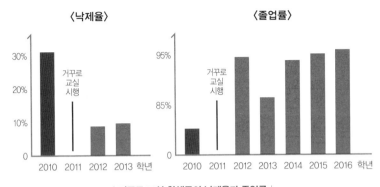

| 거꾸로 교실 학생들의 낙제율과 졸업률 |

거꾸로 수업은 교사들이 영상을 만드는 데 시간과 노력이 투자되어야 한다. 하지만 그 과정이 교사 자신을 모니터링 할 수 있는 중요한 도구가 되기도 한다. 교육 영상을 만드는 과정에서 동료 교사들과 함께 배우고 나름의 노하우와 아이디어를 나누면서 자극도 받고, 활력도 얻으며 진보된 교육의 방향성도 잡을 수 있게 되었다.

피터 드러커의 배반

300년 된 미국의 교육 모델을 뒤집듯 조직 내에서는 뒤집어야 할 것이 있다. 그 대표적인 것이 1954년 현대 경영의 창시자인 피터 드러커Peter Ferdinand Drucker가 주장한 MBOManagement By Objectives 중심의 성과 관리 방식이다. MBO에서 목표를 좀 더 구체적으로 어떻게 수립할 것이냐를 다루는 것이 KPI 핵심 성과 지표Key Performance Indicator다. 즉, 목표를 중요한 성과 지표로 하라는 것이다. 67년이 지난 대부분의 기업이 MBO를 적용하고 있다. 다음 A와 B중 어디에 집중해야 하는지 선택해보자.

> A: 매뉴얼에 따라 친절하게 응대 건수(KPI)를 늘리기에 집중한다.
> B: 매뉴얼을 벗어나더라도 분노 고객 달래기에 우선 집중한다.

중견 IT 기업인 H사는 반년마다 회사 조직도를 개편하고 목표를 상황에 맞춰 수정했음에도 회사 실적은 오히려 감소했다. 의료기기를 판매하는 영업 사원은 제품 설명 방식을 계속 바꿔 보았지만 매출은 제자리걸음이었다. 무엇이 문제일까? 이런 기업과 직원의 특성을 파고들어 보니 공통점이 하나 있었다. 바로 '목표 달성'이다. 위 선택안 A처럼 우리가 한 일이 어떤 효용을 만들어냈는지와 무관하게 목표 달성 여부를 기준으로 일을 평가한다.

일전에 나는 반도체 설계 서비스 업체를 컨설팅하면서 사무실에서 수석 엔지니어를 만났다. 내 소개를 하자 그는 너무 바쁘다며 나를 외면하고 가버렸다. 실제로 그는 일이 많았다. 그는 직무 기술서에 기술되어 있는 이번 주 목표를 완수해야 했기 때문이다. 그중 월별 프로젝트 상황 보고서를 대표이사에게 제출하는 일이었다. 늘 그랬듯 수석 엔지니어는 제때 보고서를 제출했다. 이후 나는 대표이사와 상담을 하면서 수석 엔지니어가 제출한 보고서를 활용하는지 물어보았다. 대표이사는 "메일 어딘가에 있을 텐데…… 확인 안 한지 오래되었다."고 대답했다.

목표 달성 여부를 기준으로 일을 평가하는 행위가 일반화되면 문제가 심각해진다. 자산 기준으로 미국에서 네 번째로 큰 은행인 미국 웰스 파고Wells Fargo는 2016년 한 직원이 고객 동의없이 4년여간 350만여 개의 유령계좌를 개설했다. 또한 제너럴모터스는 죽음을 초래할 수도 있는 결함이 있는 자동차를 판매했다. 회사 측은 그 위험을 알고도 침묵을 지켰다. 그리고 매출 목표를 달성하기 위해 일반 소비자에게 목숨을 전가했다.

혁신도 마찬가지다. 거창한 목표를 달성하기 위해 처음에 큰 연구 개발비를 투자하면 어느 정도의 효용과 성과가 나타난다. 하지만 그 성과는 어느 수준에 다다르면서 더 나은 혁신의 결과가 나오지 않는다. 즉, 한계 효용 체감의 법칙처럼 혁신의 가치가 하락하게 되어 더 이상의 혁신을 기대할 수가 없게 된다.

아마존의 제프 베이조스는 직원들에게 이런 실험을 했다. 연구 개발비에 드는 비용을 줄이는 대신 가능한 많은 실험을 하게 했다. 실험 횟수를 100번에서 1,000번으로 늘리면 혁신의 숫자도 극적으로 증가하게 된다며 많은 실험을 장려했다.

흔히들 거대한 혁신과 목표를 달성하기 위해 연구 개발비를 아낌없이 쏟아붓는다. 그 결과 어느 정도까지는 성과가 나타나지만, 더 이상의 성과를 기대하기는 어렵다. 연구 개발비가 늘면 늘수록 '눈먼 돈'이 생기고, 관리되지 않은 비용이 불필요하게 지출되기도 한다. 그러다 보니 진정한 혁신은 고사하고 '어떻게 비용을 지출할 것인가'에 집중하게 된다.

무언가를 할 때 목표부터 세우는 방식은 틀렸다. 우리는 '가치'에서 출발해 '목표'로 나아가야 한다. 당신 스스로 자문해보라. 바쁜 꿀벌처럼 누구보다 열심히 근무하면서 어떤 가치를 만들어냈는가? 날갯짓만 요란할 뿐 꿀통은 텅 비어 있다. 만약 어느 드라마가 재미(가치)나면 사람들은 드라마 횟수나 방영 시간(KPI)을 문제 삼지 않는다. 오히려 횟수가 늘수록 환영한다. 회사에서 자주 하는 회의도 마찬가지다. 회의 품질(가치)이 개선되면 회의 시간(KPI)은 문제가 되지 않는다.

잡지사에서 우주 여행 회사까지 사업 영역을 넓힌 영국 버진그룹의 CEO 리처드 브랜슨Richard Branson은 그의 저서《비즈니스 발가벗기기》에서 "기업가 정신은 누가 주는 상이나 다른 사람의 승인으로 측정되는 것이 아니라, 세상에 무엇을 제공할 수 있는지 탐구함으로써 자기 자신을 위해 성취할 수 있는 것을 의미한다."고 말한다. 글로벌 혁신기업들은 급변하는 환경에서 대부분 목표에 의한 관리MBO보다는 세상에 제공하는 가치가 무엇인가라는 가치 지향의 성과 운영 방식을 가지고 있다.

가치를 창출하는 방법은?

무언가를 할 때 '고객'이 거기서 얼마나 효율을 얻었는지를 측정해야 한다. 즉 외부 시선으로 일의 가치를 봐야 한다. 그래야 자신이 한 일이 남들에게 줄 효용으로 눈에 들어온다. 반면 67년간 적용해 온 전형적인 성과관리 방식은 내부 시선을 통해, 어떤 효율을 만들어냈는지와는 무관하게 목표 달성을 기준으로 일을 평가한다.

이러한 배경에는 '활동의 양'과 '업적'을 동일시하는 왜곡된 성향이 깔려있다. 예컨대 고객센터는 고객의 분노를 달래지 않고 매뉴얼대로 응대 건수만 달성하려고 한다. 의사들은 환자의 고통에 대해 정확한 진단을 내리기보다는 얼마나 많은 환자를 처리했느냐를 측정한다. 변호사들은 상담내용보다는 상담 시간을 기준으로 수임료를 청구한다. 영업사원은 출장 횟수, 고객 방문, 이동 거리를 업적으로 착각하며 바쁘게 움직인다. 실제로 이러한 활동들은 손톱만큼의 가치도 없다. 수많은 기업이 기업 경영에 가장 중요한 것은 '고객'이라고 외치지만 막상 고객 중심기업 하면 떠오르지 않은 이유가 이 때문이다.

답은 하나다. 외부 시선으로 지표를 모두 바꿔야 한다. 지금 당장 당신 회사의 KPI를 보라. 80퍼센트 이상은 내부 시선으로 반영된 목표가 대부분일 것이다. 거꾸로 교실처럼 내부 시선을 줄이고 외부 시선의 비율을 80퍼센트로 올려야 한다. 고객 제일주의를 지향하는 아마존은 "고객에서부터 시작하라, 나머지는 그 다음이다. (Start with customer and work backwards)"라는 경영 원칙을 고수한다. 일례로 새로 입사한 인턴 사원이 프로젝트에 대한 논의 중 "이런 기능을 추가하면 회사의 수익성은 떨어지지 않나?"는 질문에 매니저는 "고객이 원한다면 수익성은 포기해도 관계없다."라고 주저 없이 조언한다. 아마존의 모든 지표는 외부 시선, 가치 중심으로 지표가 설정되어 있으며, 회사의 성과를 평가하는 지표 500개 중에서 400개가 고객과 관련된 지표다.

직무	내부 시선, 목표 중심	외부 시선, 가치 중심
교육담당자	직무별 3회 이상 직무 교육을 실시할 것	직무 교육의 수준을 체계화하고 교육이 현업 적응도에 미치는 영향을 고려할 것
유통 물류 담당자	물량의 85퍼센트 이상 일정대로 우리 창고에서 반출될 것	물량의 85퍼센트 이상이 고객이 원하는 기간 내에 제대로 전달될 것
변호사	월 상담시간 60시간 달성할 것	고객의 법률적인 문제를 80퍼센트 이상 해결할 것
콜센터 직원	시간당 전화 20건 진행할 것	고객의 90퍼센트 이상 한 번의 전화에 문제를 해결해 줄 것
서비스 및 제품 판매 담당자	고객만족도 85점 이상	고객 추천 지수 85퍼센트 이상 달성
광고 담당자	광고 클릭수	광고를 클릭하여 구매 전환을 한 비율
초중고 교사	한 과목을 5년 이상 가르치면 종신 재직원 취득	학생의 90퍼센트가 해당 과목에 능통하도록 도울 것
은행 직원	펀드와 신탁 같은 개별 상품의 판매실적 10 → 30퍼센트 달성할 것	고객 수익률 10 → 30퍼센트 달성할 것
공무원	국민 청원 민원 건수 월 10건 달성할 것	국민 청원 민원 해결 건수 월 10건 달성할 것
의사	월 환자 150명 진료를 실시할 것	진료한 환자는 90퍼센트의 정확도로 진단 및 치료할 것

| 회사의 성과를 평가하는 지표 |

목표 중심을 가치 중심으로 전환하기는 쉽지 않다. 관습이라는 거미줄에 갇히면 지금까지 해왔던 업무 방법과 프로세스밖에 보이지 않는다. 이러한 현상을 두고 세계적인 미래학지 중 한 사람으로

손꼽히는 다니엘 핑크[Daniel H. Pink]는 그의 저서 《드라이브[Drive]》에서 문제해결을 방해하는 '기능적 고착[functional fixedness]'에 빠져 있기 때문이라고 한다. 기능적 고착은 한 사물이 그것의 유형적인 기능 외의 기능을 가지는 것을 보지 못하는 것이다. 그 대표적인 예가 게슈탈트 심리학자인 카를 던커[Karl Duncker]의 촛불 문제 실험인데, 탁자 위에 성냥, 압정 상자, 초 등이 놓여 있고 이것을 이용해서 벽면에 초를 붙여 촛불을 켜는 것이다. 문제의 핵심은 각 소품의 기능적 특성에 있다. 한 조건에서는 상자 속에 압정이 들어 있고, 또 한 조건에서는 상자가 비어 있다. 이 문제의 해결법은, 압정을 이용해서 상자를 벽에 부착시켜 초를 세울 수 있는 받침을 만드는 것이다. 실험 결과, 상자 안에 압정이 있는 경우에는 참가자의 43퍼센트가 문제를 해결한 반면, 상자가 비어 있는 조건에서는 대부분의 참가자가 이 문제를 해결하였다. 즉, 상자에 물건이 담겨 있을 때는 받침보다 용기의 용도가 강조되었기 때문에 상자의 새로운 기능을 인식하기가 어려웠던 것이다.[43]

가치 중심으로 전환하기 어려운 이유를 '경로 의존성[path dependency]'에서도 찾을 수 있다. 처음 길이 만들어지면 사람들이 그 길로 가려는 경향을 경로 의존성이라고 한다. 예를 들어 점심시간에 어느 식당에 사람들이 많이 줄 서 있으면 꼬리를 물고 줄을 서고, 주문 시에도 다른 사람과 동일한 메뉴를 주문한다. 일상생활 외에 첨단 과학 분야에도 예외는 아니다. 2007년에 미국에서 발사한 우주선 인데버호의 추진 로켓 폭은 143.51cm였다. 과학자들은 더 큰 추진 로켓을 원했지만 로켓을 옮기는 기차 철로의 폭에 맞춰야만 했다. 19세기 영국에서 처음 탄생한 철도는 말이 끄는 광산용 수레의 폭을 기준으로 삼았는데, 영국 마차의 선로 폭은 2000년 전 로마 도로에서 마차를 끌던 말 두 마리의 엉덩이 폭을 기준으로 정해졌다. 결과적으로 2000년 전 로마의 마차가 2000년 후, 우주선까지 영향을 미친 것이다.[44] 한번 기준과 규칙이 정해지면 그것을 뛰어넘는 새로운 것이 나타나기가 얼마나 어려운지 보여주는 사례다.

기능적 고착과 경로 의존성을 방지하기 위해서는 혹시 더 나은 방법이 없는지 의문을 제기해야 한다. 익숙한 것의 족쇄를 풀고 '왜' 라는 바보 같은 질문을 해야 한다.

- 왜 우리는 이 가격을 고객에게 제시하는 걸까?
- 왜 고객은 우리 회사의 제품을 구매하는 걸까?
- 왜 우리는 9 to 6 근무 시간을 지켜야 할까?
- 왜 물건값을 꼭 계산대에서 지불해야 할까?
- 왜 우리는 인사 평가를 받아야 하는 걸까?
- 왜 획일적인 결재 프로세스를 지켜야 하는 걸까?
- 왜 생산 공정을 매뉴얼대로만 해야 하는 걸까?

'인류를 이끌어 가는 마인드를 위한 도구를 제공함으로써 세계에 기여 한다', '전 세계의 정보를 체계화해 모두가 편리하게 이용할 수 있도록 한다', '지구상의 모든 사람과 조직이 더 많은 것들을 성

취할 수 있도록 힘을 실어주자.'

위 문장은 글로벌 기업인 애플, 구글, MS의 사명^{mission statement}이다. 기업은 사명을 통해 해당 기업을 차별화하고 달성하고 싶은 목표와 활동의 영역을 규정함으로써 기업의 근본적인 존재 의의를 나타낸 다. 뿐만 아니라 조직의 정체성을 제공해주고 조직 목표의 일관성을 평가하는 기준이 된다. 그런데 현실적으로 기업이 매번 사명에 맞춰 일을 추진하기는 어렵다. 회사 정문, 회사 다이어리, 회사 홈페이지 등에서 손쉽게 사명이 보여지지만 카를 던커의 촛불 문제 실험에서 살펴본 것처럼 새로운 기능으로 인식하기는 어렵다.

그렇다면 사명이 남발하는 현시대에 조직의 목표와 가치를 어떻 게 직원들에게 표현할 수 있을까? 정형화된 사명 대신 질문으로 바 꾸면 사람들의 호응을 더 이끌어낼 수 있다. 구글의 사명인 '전 세계 의 정보를 체계화해 모두가 편리하게 이용할 수 있도록 한다'를 '어 떻게 하면 전 세계의 정보를 체계화해 모두가 편리하게 이용할 수 있을까?'라는 질문으로 바꾸면 회사의 목적이 아직 달성되지 않았 다는 의미를 안기고, 직원들은 목표 달성을 위한 다양한 방법에 집 중하게 된다. '해당 질문에 대한 답은 무엇이 돼야 할까?', '내가 어 떤 역할을 해야 할까?', '기존의 방법에는 문제가 없는 걸까?', '내가 너무 전술적인 성과에만 집중한 건 아닐까?' 등의 자조 섞인 질문을 통해 기능적 고착과 경로 의존성을 지하고 더 나은 방법이 없는지 탐색하게 된다. 또한 사명을 질문으로 바꾸면 '이런 일을 이미 했다' 고 명시하는 것이 아니라, '이런 것을 달성하길 원하고 그러기 위해서는 무엇을 해야 할지' 질문하는 것이기 때문에 자만하지 않고, 기업의 사명에 진심 있게 다가가게 만든다.

현재 대부분의 사람들은 67년간 적용해온 성과관리 방식과 76년된 교육 방식을 그대로 적용하고 있다. 21세기를 살아가는 사람들이 20세기의 방식을 고수하고 있는 거다. 하지만 지금은 4차 산업혁명과 같은 고도의 첨단 기술이 이런 관습을 뒤집어놓고 있다. 늘 하던 방식에서 벗어나 일하는 방식의 의문을 제기해야 한다. '나는 진정 '가치'에서 출발해 '목표'로 나아가고 있는가?'

Point ●

수많은 기업들이 기업 경영에 가장 중요한 것은 '고객'이라고 외치지만 KPI를 분석한 결과 80퍼센트 이상이 내부 지표로 반영된 목표가 대부분이다. 내부 지표를 줄이고 외부 지표의 비율을 80퍼센트로 올려 67년간 적용해온 성과 관리 방식에서 벗어나 가치 지향의 성과 운영 방식을 도입하라.

점심시간의 쓸모

직장인에게 있어 점심시간은 단순히 밥 먹는 것 이상의 특별한 의미를 가진다. 하지만 대부분의 사람들은 점심시간을 주린 배를 채우기 위한 것 이외의 특별한 행위로 간주하지 않는다. 점심시간을 보면 그 조직의 문화를 바로 알 수 있고, 나아가 창조적인 조직 문화를 만들 수도 있다.

'마음의 점을 찍는다'는 뜻의 '점심點心'은 원래 아침과 저녁 사이 배고플 때 틈틈이 챙겨 먹는 간식이었다. 산업화 시대에 기업의 출퇴근 문화가 사회 전반에 자리 잡으면서 비로소 한 끼 식사로 통용되기 시작했다. 즉, 직장생활과 함께 탄생한 점심은 직장인들에게 일명 '본투비Born to be 동반자'인 셈이다. 때문에 업무도 식후경이라고 '뭘 먹어야 잘 먹었다고 소문날까' 행복한 고민을 하는 직장인들이 늘어났다.

오전 11시 50분 부서장은 막내 사원에게 말한다. "오늘 점심은 막내가 먹고 싶은 걸로 맘대로 정해." 직장생활을 해본 사람이라면 누구나 한번 이상씩 겪었을 난감한 상황, 점심 메뉴 정하기. 막내 사원은 모든 팀원들의 입맛을 충족시키면서 가성비 높은 메뉴와 분위기 좋은 장소로 식사를 골라야 하는 곤란한 상황에 먹는 것의 행복은 잠시 스트레스 지수만 올라간다. 무엇보다 팀원들은 막내 사원부터 이 대리, 박 과장, 김 부장까지 다 함께 둘러앉아 먹을 것을 생각하니 점심시간은 고통의 시간으로 채워진다. 그것도 모자라 식후 커피까지 함께 해야 하는 질긴 인연의 시간.

이런 상황을 매일 재연하는 상사라면 명심해야 할 것이 있다. 회사에서 억지로 식사 자리를 마련한 경우에는 아무런 긍정의 효과가 없다는 점이다. 토론토대학의 존 트러가코스 Jonh Trougakos 교수에 따르면 직장인이 점심시간을 사회 활동의 연장이라고 느끼는 순간 스트레스를 받게 된다. 팀끼리 간단히 먹는 점심도 의무가 되면 부담이 된다. 밥을 먹으면서 한 시간 내내 상사가 새로 구입한 부동산이나 자동차 이야기를 듣느니 사무실에 남아 일을 하거나 혼밥을 하는 직장인이 대부분이다. 아울러 트러가코스 교수는 점심식사를 강제하면 "직원이 자기 행동을 통제해야 한다고 느끼기 때문에 피로가 쌓인다."고 강조한다.[45]

먹는 것의 의미

무언가를 먹는다는 것은 기분을 좋게 만들고 심리적으로 긍정적인 영향을 준다. 2018년 독일의 막스 플랑크 대사연구소의 헤이코 벡스 교수가 국제학술지 '셀 메타볼리즘Cell Metabolism'에 발표한 논문에 따르면 음식을 먹게 되면 기분을 좋게 만드는 호르몬인 도파민이 두 번 방출된다는 사실을 밝혔다. 그렇다. 한 번도 아니고 두 번이다. 헤이코 교수는 12명의 건강한 성인 남녀를 대상으로 맛있는 음료를 마시도록 한 뒤 양전자 방출 단층 촬영PET을 실시하고 뇌의 움직임을 살펴보았다. 그 결과 입안으로 음식이 들어가서 맛을 느끼는 시점과 음식이 위장에 닿았을 때 두 번의 도파민이 분비되는 것으로 나타났다. 우리가 음식을 먹을 때 기분이 훨씬 좋아지는 이유가 도파민이 두 번이나 분비되기 때문이다. 뿐만 아니라 음식은 정신적인 압박과 긴장감을 해소하고, 탐미적인 욕구의 해소 등 심리적 안정감까지 부여한다.

헤밍웨이가 젊은 시절 체류했던 파리에서의 생활을 회고하면서 쓴 유작《파리는 날마다 축제A Moveable feast》에서도 헤이코 교수의 실험 결과를 감각적으로 느낄 수 있다.

"차가운 와인이 가져다 주는 금속성의 가벼운 맛과 더불어 바다 냄새가 물씬 나는 굴을 먹으며 혀 위로 감미로운 느낌과 바다의 향기가 퍼지도록 내버려 두는 동안, 그리고 굴 껍질 하나하나에 담긴 신선한 즙을 마시며 연달아 와인의 강렬한 맛을 느끼는 동안……

텅 빈 느낌이 사라졌고 행복해지기 시작했으며 나는 다시 작품을 구상했다."[46]

생산적인 점심시간이 되려면?

헤이코 교수의 연구 결과처럼 점심시간을 긍정적인 시간으로 유지하려면 계획이 필요하다. '종일 업무 스트레스에 시달리는데, 밥이라도 좀 편하게 먹을 순 없을까?'가 요즘 젊은 직장인들의 심리다. 의미 있는 점심시간을 만들려면 가장 먼저 다음의 항목을 조사·점검해봐야 한다.

- 좋아하지 않는 상사, 혹은 팀원과 함께 해야 한다면 고역이다.
- 점심시간 역시 업무의 연장으로 본인을 돌볼 시간이 전혀 없다.
- 따로 점심 약속을 잡을 때마다 눈치 보여 스트레스를 받는다.
- 내가 원하는 점심시간을 자유롭게 활용할 수가 없다.

| 비생산적인 점심시간의 대표 사례 |

간혹 '요즘 세대들은 팀원과 어울리는 것을 싫어하고 혼자 즐기기를 좋아해'라고 오해하시는 분이 계신다. 어느 세대보다 관계 중심적이며, 팀 활동과 협업 지향적인 세대가 MZ세대다. 음식을 예로 들어보자. 식당에서 주문한 음식이 나오면 사진 찍기 바쁘다. SNS

에 올리기 위해 배고픔을 마다하지 않는다. SNS에 업로드 뒤, 음식을 먹기 시작한다. 기다리던 음식이 나왔음에도 포크 대신 카메라를 들이대는 까닭은 정서를 공감하기 위해서다. 나의 친구들이 어떤 댓글을 달았는지, 좋아요를 눌렀는지 등 반응이 궁금해진다. SNS의 행복 인증에 업로드가 또 반복된다. 좋은 반응이 많을수록 행복감이 더욱 높아진다. 이처럼 MZ세대는 필요하다면 언제 어디서든 정서적 교감을 원한다. 여기서 중요한 점은 자율성을 억제한 의무적 교감은 반감을 산다는 것이다. 적어도 점심시간 만큼은 자율성을 부여하고 강제하지 말자는 거다. 몬세 브래드 포드Montse Bradford가 말한 "우리가 생각하는 것이 감정을 일으키지만, 누구와 어떻게 먹는지에도 영향을 끼친다."는 그의 주장을 되새겨보자.

누구와 같이 점심을 먹는지에 따라 삶의 만족도가 달라진다는 흥미로운 연구 결과도 있다. 옥스퍼드 대학교 로빈 던바Robin Dunbar 교수와 연구진은 영국 성인 8,250명을 대상으로 한 조사 결과 '여럿이 함께 밥을 먹는 사람에 비해 혼자 먹는 사람에게서 불행감이 꽤 높게 나타났다.'고 발표했다. 던바 교수는 그 이유를 다음과 같이 설명했다. "식탁에 둘러앉아 다른 사람과 함께 하는 행동은 통증 완화 호르몬인 엔도르핀 분비를 촉진하여 기분을 좋게 만드는 효과가 있다."[47] 하지만 회사에서 강제적으로 식사 자리를 마련한 경우에는 아무런 효과가 없다는 점이다.

다른 사람과 함께 하는 식사는 엔도르핀 분비를 촉진하여 기분을 좋게 만드는 효과가 있는데도 부하 직원은 왜 상사와 식사를 하려고 하지 않을까? 실제로 밥을 같이 먹어보면 다른 부서 직원 험담, 어떤 상사의 꼰대 짓, 회사에 떠도는 불륜설 등의 가십거리가 주를 이루고 게다가 개인사 지적질까지 불편한 얘기를 듣게 된다. 다수의 직장인들이 점심시간이 휴게시간이 아닌 업무시간의 연장이라고 인식하는 이유가 바로 여기에 있다. 불행 중 다행인지 모르겠지만 코로나19로 인해 이런 불편한 점심시간은 종료되었다. 회사 구내식당에 칸막이가 설치되고, 식사시간 동안 대화 금지를 권장했다. 쓸데없는 농담에 장단 맞춰줘야 하는 점심시간 스트레스를 피해 재택근무도 늘어났다.

세계적인 투자가인 워런 버핏Warren Buffett과 관리자의 다른 점이 뭘까? 물론 경제적 차이가 있겠지만 관리자와는 앞다퉈 점심 식사를 피하려고 노력하지만 워런 버핏과는 26억 원에 달하는 엄청난 금액을 지불하고도 함께 점심 식사를 하려고 한다. 관리자는 점심시간에 가십거리를 다루지만 워런 버핏은 인생의 성공 원칙에 대해 다룬다. 세 시간에 걸친 점심 식사 시간 동안에 하버드 대학원 입학 실패담, 코카콜라와 질레트의 대주주가 된 과정 등 워런 버핏의 인생담을 들려줌으로써, 최고의 투자가로 성공할 수 있었던 그의 투자 철학과 삶의 철학을 들려준다. 따라서 관리자는 당장 워런 버핏이 될 수는 없지만 워런 버핏과 같은 역할을 통해 희망과 호기심, 그리고 철학을 심어줘야 한다.

최근 점심 '메뉴'보다 점심 '시간'이 더 중요해진 직장인이 대폭 늘어났다. 이들은 자신의 책상에서 혼밥이나 패스트푸드로 대충 식사를 마치고 잔여 시간을 확보하길 원한다. 실제로 직장인의 58퍼센트는 대충 끼니를 때우고 다른 일을 하며 점심시간을 채우고 싶어 했다. 그중 단연 1위는 '휴식'이었다. 경제협력개발기구OECD 회원국 중 압도적으로 긴 피로 사회를 사는 직장인들에게 점심시간은 하루 중 잠시 숨을 돌릴 수 있는 오아시스인 셈이다.

문제는 이 휴식 시간을 어디서 보내는가이다. 복수의 연구 결과를 보면 직장에 오래 머무르는 것보다 몇 분이라도 사무실 밖에서 나가는 것이 더 중요하다는 사실이 밝혀졌다. 환경을 바꾸지 않으면 창의성이 타격을 받을 수 있기 때문이다. 사람은 누구나 정신적 에너지 탱크를 가지고 있다. 운동이나 산책 등 30분만이라도 몸을 움직이면 비어가는 에너지 탱크를 채우는데 도움이 된다. 그러나 에너지 보충없이 같은 공간에서 쉬는 듯 일하면 피로는 배로 쌓인다. 다니엘 핑크Daniel Pink의 저서《언제 할 것인가When》에서 판사가 높은 형량을 선고하고 의사가 오진을 내릴 확률이 점심시간 이후에 확연히 증가하는 것으로 나타났다.[48] 실제로 노스캐롤라이나 주 듀크 의료원에서 일어난 의료사고도 오전보다 오후에 사고가 네 배 이상 높았다. 심리학자 에밀리 헌터Emily Hunter와 신디 우Cindy Wu의 연구에 의하면 점심시간에 사무실에 남아 일을 한 직장인은 주말을 바람직하게 보내지 못했다.[49] 우리는 이 사례들을 통해 휴식 시간을 줄이면 더 많은 일을 처리할 수 있을 거라는 생각을 버려야 한다. 데이비스 경영대학원의 킴벌리 엘스 바흐Kimberly Elsbach 캘리포니아 대학교수는 "같은 위치에 있는 내부에만 머무르는 것은 창의적 사고에 정말

해롭다. 환경을 바꿀 때, 특히 자연과 같은 환경에 자신을 노출할 때 창의성과 혁신이 일어난다."라고 강조한다.[50] 구글, 애플, 텐센트 등 유명 글로벌 기업들이 정해진 점심시간이 없고 자율적으로 휴식 시간을 사용할 수 있도록 배려하는 이유도 여기에 있다. 최근 국내에서도 이런 변화의 바람이 불고 있는데, 의류 제조회사 한섬은 직원들의 점심식사 시간을 30분 늘려 여유롭게 식사할 수 있도록 했고, 마케팅대행사 이노레드[Innored]는 매주 금요일 점심시간을 2시간으로 늘린 프런치데이를 운영하고 있다.

리더십이나 HR 도서를 보면 단골손님 같은 내용이 있다. 경영진은 직원들과 개인적인 이야기를 많이 나누는 소통의 장을 자주 마련하라는 거다. 이 내용을 실천하기 위해 대부분의 기업에서 경영진과 각 직급 간 점심 식사하며 간담회를 갖는다. 그런데 이런 자리가 얼마나 자유롭게 경영진과 대화를 할 수 있을까? 한국은 집단주의 사회다. 집단주의 사회는 내집단의 조화를 위해 상대의 배려를 강조하게 되는데, 상대방의 기분을 상하게 하지 않기 위해 직접적인 표현보다는 간접적인 표현을 더 선호한다. 즉 모여있으면 눈치껏 좋은 얘기만 한다는 거다.

그렇다면 직원간 소통은 어떻게 하는 게 좋을까? 메이저리그에서 13년째를 맞는 베테랑 추신수는 LA다저스 유니폼을 입고 미국 프로야구에 첫발을 내디딘 류현진 선수에게 "미국 생활에 빨리 적응하려면 적극성을 띠고 먼저 다가가야 한다."고 조언했다. 만약 류현진 선수가 추신수의 조언을 무시하고 CEO 간담회처럼 선수들과 소통한다면 어떨까? 의도적이지 않게 소수 사람들을 대상으로 자연스러운 만남을 연출하라. 자판기, 동호회, 매점, 커피숍, 흡연실 등 직원이 모여있는 곳을 찾아 대화를 이끌어라. 다만 말단 직원과 경영진이 시시콜콜한 이야기를 나눈다고 소통이 원활하다고 판단해서는 안 된다. 직원 개개인의 성과와 회사의 목표에 대해 가감없이 이야기하는 문화가 중요하다.

이 조언을 행동으로 옮긴 대표적인 인물이 앤 멜케이^{Anne Mulcahy}다. 2000년 그녀가 제록스의 CEO로 내정될 당시 회사부채는 170억 달러에 육박했으며, 2000년까지 7분기 연속 적자 행진을 기록하고 있었다. 또한 현금 보유액은 겨우 1억 5,500만 달러에 불과했으며, 주가는 산산조각이나 시가 총액의 90퍼센트가 증발했다. 또 회사 경영진이 이익을 부풀린 혐의로 회계부정 스캔들에 연루돼 기업 이미지마저 추락했고, 한때 63달러에 달했던 주가는 4.4달러로 폭락했다. 그녀가 가장 먼저 한 일은 직원들에게 먼저 다가가는 것이었다. 대화 채널은 항상 열어 놓았고, 새벽부터 밤늦게까지 전 세계 제록스 직원을 찾아 전략을 논의했다. 결국, 그녀가 2년 동안 주말에 한 번도 쉬지 않고 전 세계를 오가며 직원들을 찾아 먼저 다가가는 리더십을 발휘한 덕분에 제록스는 다시 부활할 수 있었다.

점심 식사는 보이지 않는 음지를 챙길 수 있는 중요한 매개체가 되기도 한다. 한 장수 CEO는 외부에서 일을 마치고 돌아왔을 때 점심시간이 지났다 싶으면 자신처럼 식사를 못한 건물 경비원, 환경미화원들과 같이 먹는다. 혼자 먹기 애매하고 싫어서 그런 것이 아니다. 보이지 않는 음지에서 수고하고 있는 이들을 격려하는 것과 함께 자신이 이끄는 조직을 가장 가까운 곳에서 지켜보고 있는 사람들의 얘기를 들을 수 있기 때문이다. 조직 안에 있는 관점을 접할 수 있는 기회를 만드는 것이다.[51] 권력을 드러내기 위해 같이 먹는 게 아니라 의미로 먹는 식사다. 더구나 경비원, 환경미화원과 정중하게 식사하는 걸 본 직원들은 그들을 함부로 대하지 못한다. 언제 또 사장과 식사를 할지 모르기 때문이다. 같은 직원이 아니라고 하찮게 보는 문화도 사라진다. 경영학계 3대 구루인 톰 피터스Tom Peters는 말한다. "단 한 차례의 점심 식사도 낭비하지 말라."

Point

점심시간을 단순히 밥 먹는 것 이상의 특별한 의미로 만들어라. 자율적으로 함께하는 점심식사는 도파민 분비를 촉진해 기분이 훨씬 좋아지게 만들고 정신적인 압박과 긴장감을 해소하며, 탐미적인 욕구의 해소 등 심리적 안정감까지 부여한다.

전통적 경영 방식의
새로운 대안

오늘날 경영은 우리 사회 발전에 적잖은 공헌을 했다. 집에 두 대의 차가 있고, 모든 방에 TV가 있으며, 손에 물 한 방울 묻히지 않고 빨래하는 세탁기와 건조대가 있고, 가족 수만큼 스마트폰을 갖고 있다면 이는 현대 경영의 발전 덕분이다. 그런데 모순적이게도 현대 경영의 주요한 방법이 100여 년 전에 만들었던 이론을 그대로 따르고 있다면 믿을 수 있겠는가? 과학적 관리를 표방한 분업화와 전문화, 표준화된 직무 기술서와 작업 방법, 인센티브를 바탕으로 한 보수체계, 원가회계와 수익 분석 원칙, 방대해진 조직을 효율적으로 관리하기 위해 전략, 재무, 마케팅, 인사, 생산 등으로 구성된 기능별 조직 등이 그러하다. 물론 전통적 방식이 지금 현실에도 너무나 만족스럽고 완벽하게 짜여 더 이상 손댈 필요가 없다면 다른 무언가를 바랄 필요가 있겠는가?

전통적 경영 방식이 현대의 비즈니스를 매우 효율적으로 만드는 데 많은 공헌을 했지만 동시에 커다란 대가를 지불해야 했다. 복잡한 절차는 인간의 거대한 상상력과 창의성을 억압하여 기준과 규칙에 순응하도록 강요해왔다. 촘촘히 구성된 직무 기술서와 업무 매뉴얼은 작업의 규율을 만들었지만 업무의 확장성을 떨어뜨렸다. 전 세계 소비자의 구매력을 증가시켰지만, 동시에 인간을 관료화된 조직의 노예로 만들었다. 결과적으로 4차 산업혁명을 맞이해 전통적 경영 방식의 유산이 현대 경영의 불행으로 이어지지 않도록 그 실효성을 재검토해야 하는 때가 온 것이다.

20세기의 경영 방식에 최적화된 조직이 21세기에도 그대로 살아남기는 어렵다. 공룡 기업이라고 예외는 없다. 우리는 코로나19를 경험하면서 어렵지 않게 목격할 수 있었다. 113년 전통을 가진 고급 백화점 니만 마커스Neiman Marcus가 파산보호 신청을 했고, 미국 2위 렌터카 업체인 허츠Hertz와 의류 브랜드 제이크루J.Crew도 위기를 넘기지 못했다. 미국 셰일업계 대표 기업 체사피크 에너지Chesapeake Energy와 조스에이뱅크Jos. A. Bank도 파산 신청을 했다. 아무리 뛰어난 기술을 이용한 제품을 선보인다 해도 소비자의 선택을 받지 못하면 기업의 성공은 제한적일 수밖에 없다. 따라서 미래를 대비하는 시장의 파괴자들은 기술만큼 조직을 바꾸는 능력에 더욱 심혈을 기울인다. 비유하자면 알을 낳는 것은 닭이 할 일이고, 양계장 주인은 닭이 알을 잘 낳을 수 있도록 환경을 만들어주어야 하는 것과 같다.

문제는 기업에서 변화를 사전에 준비하거나 시속적으로 변화에 대응하는 경우가 거의 없다는 데 있다. 단지 위기가 닥쳤을 때만 수동적으로 반응한다. 경영진은 추풍낙엽의 신세가 되고, 살아남은 자들은 구조 조정이라는 광란의 파티가 벌어졌을 때 비로소 변화의 필요성을 느낀다. 그때서야 행동하는 것은 근시안적이며 근본적인 문제를 해결하지 못한다.

리더의 조건

비즈니스 환경이 하루가 다르게 급변하는 상황에서는 단 한 가지 방법밖에 없다. 의미 있는 방법으로 끊임없이 변화하고 새로워져야 한다. 기업 스스로 다양해지고 살아있는 잠재력을 끊임없이 분출시켜야 한다. 이렇게 하려면 완전히 다른 방식으로 기업의 경영 방식을 바꿔야 한다. 다시 말해 경영 관행을 개선하거나 조금 더 낫게 바꾸는 방식으로는 충분하지 않다.

웹Web은 250년 역사를 가진 브리태니커Britannica 백과사전을, 145년의 역사를 가진 미국 1위 서점 반스앤노블Barnes & Noble과 40년간 명맥을 이어왔던 2위 서점 보더스Borders를, 1990년대 미국에서 '비디오 대여점'의 대명사로 불렸던 블록버스터Blockbuster를 몰락시켰다. 반면 웹은 아마존, 구글, 페이스북, 넷플릭스, 알리바바, 에어비앤비, 유튜브, 우버, 이베이, 위키피디아Wikipedia 등의 거대 기업과 서비스를 탄생시켰다. 특히 플랫폼 기업은 인터넷 기술을 이용해 사람과 조직, 자원을 인터랙티브한 생태계에 연결하여, 엄청난 가치를 창출하고 있다. 세계 최대의 택시 회사인 우버는 한 대의 자동차도 보유하지 않고, 미디어 회사인 페이스북은 직접 콘텐츠를 생산하지 않으며, 10억 종에 달하는 상품을 판매하는 알리바바는 단 한 개의 재고도 소유하지 않는다. 그야말로 웹은 인류 역사상 전례 없는 거대한 비즈니스 모델의 바다인 셈이다.

비즈니스모델의 중심이 웹으로 전환되듯 조직의 운영 방식도 웹 기반으로 바뀌어야 한다. 그렇다면 웹 기반 경영 조직은 전통적 경영방식과 어떤 차이가 있으며, 기존의 관행을 완전히 바꿀 새로운 대안으로 자리 잡을 수 있는지 살펴보자.

웹은 열린 공간이자 민주적 공간이다. 그렇다고 위계질서가 없는 것은 아니다. 오히려 무수한 위계질서가 있다. 직무 기술서와 사장, 상무, 부장, 차장, 과장, 대리, 사원 등으로 이어지는 수직적 직급체계 같은 형식적 위계질서가 아니라 자연적으로 생긴 위계질서다. 예를 들어 누구나 블로그를 만들고 글을 올릴 수 있는 권리는 있지만 파워 블로거는 아무나 될 수 없다. 웹 세상에서 리더는 끊임없이 콘텐츠를 생산하고 또 그 가치를 인정받기 위해 충분히 다른 사람을 설득해야 한다. 하지만 설득과 인정의 결과는 가변적이다. 한 번 지위를 차지한 사람도 금방 다시 지위를 잃어버릴 수 있다. 위계는 끊임없이 변하고 물려줄 수 있는 특권도 없고 권리도 주장할 수 없다.

웹에서는 자연적 위계기 형식적 위계를 타파한다. 올라갈 사장도 없고 내려갈 사원도 없다. 자연적 위계는 프로젝트마다 달라지고 팔로워의 평가는 매일 리더십을 새롭게 만든다. 아무도 과거의 명성에 안주하는 자를 따르지 않는다.

기능성 원단 고어텍스로 유명한 W. L. 고어 & 어소시에이션[W. L. Gore and Associates]은 이미 웹 기반의 조직 운영 방식을 적용하고 있는 대표적 기업이다. 이 회사는 계급이나 직급이 없다. 직급을 가지면 틀에 갇히게 되고, 심지어는 명령권이 있는 양 착각하기 때문이다. 상급 리더는 하급 리더를 선출하지 않는다. 오히려 동료들이 필요하다고 판단될 때, 리더를 선출한다. 회사나 팀의 성공에 크게 공헌하고 싶은 사람은 추종자를 모을 수 있다. 회의를 소집하고 사람들이 그 회의에 참석하면 누구나 리더가 된다. 반면 회의를 소집했는데 아무도 나타나지 않는다면 리더가 아니다.

물론 고어도 CEO는 있다. 하지만 일반 기업처럼 이사회를 거쳐 CEO를 선출하지 않는다. 이사회의 회의를 거치긴하지만 직원들의 광범위한 교차 투표와 토론을 통해 CEO를 선출한다. 이런 절차로 선출된 임원은 권력을 당연시하지 않는 시스템을 만들어냈다. 팀원은 팀장을 자유롭게 바꿀 수 있고, 동료가 뽑은 리더는 권위를 유지하기 위해 동료로부터 지속적인 설득과 협력을 얻어내야 한다. 이것은 리더의 권한이 동료 직원들에게 나오기 때문에 리더가 그것을 남용할 수 없다는 뜻을 내포한다. 회사명이 '고어와 동료들[Gore and Associates]'인 이유도 바로 여기에 있다.

과거에는 남을 이끌고 통제하는 사람이 리더였다면 이제는 조직이 점점 수평화되고, 업무가 복잡해지고, 구성원들의 창의적 역량이 중요해지면서 직원들 모두 스스로 생각할 수 있고, 스스로 통합하고 의견을 조율해 줄 수 있는 리더가 요구된다. 리더십 전문가인 닐스 플레깅Niels Pflaging은 이를 '언리더십Un-leadership'이라고 표현했다. '과거의 리더십을 발휘하지 않는 리더십'이 앞으로 필요한 리더십이라는 뜻이다.

3M과 구글의 스승

웹상에서는 모든 아이디어가 똑같은 권리를 갖는다. 누구나 위키피디아 사전을 이용할 수 있고, 자신의 아이디어를 즉시에 실행할 수 있다. 중요한 것은 게재하는 아이디어의 내용과 신뢰성이다. 가치 있는 아이디어는 살아남지만 설익은 아이디어는 노벨상 수상자가 올려도 예외 없이 무시당한다.

웹과 달리 기업에서는 이와 정반대의 상황이 벌어진다. 업로드한 아이디어 그 자체가 아니라 누가 올렸는지만 따진다. 어떤 아이디어는 아주 평범하고 보잘것없어 보여도 경영진의 힘을 입어 지지를 받는다. 힘의 구조에 눌린 아이디어는 사라지고 창의적인 생각을 가진 직원들은 입을 다물게 된다. 대부분의 조직이 거액을 들여 지식 관리 시스템KMS을 구축해 놨지만 실패하는 이유가 똑같은 권리가 아닌 선별적으로 아이디어를 평가하고 선택받기 때문이다. 그 과정에 차별이 생기고 불만이 늘면서 KMS는 무용지물이 되어간다.

고어는 아이디어를 평가하지 않고 바로 실행으로 옮긴다. 아이디어는 회사의 핵심 제품군과 관계가 없어도 된다. 모든 직원들에게는 1주일에 반나절의 자유시간이 허용된다. 직원들은 자신이 선택한 아이디어를 연구하기 위해 온전히 그 시간을 쓸 수 있다. 그들은 연구를 진행하면서 자신의 아이디어에 대해 회사의 공식적인 승인을 받지 않고 일할 수 있다. 오늘날 창조 경영의 핵심 엔진으로 알려져있는 3M의 15퍼센트 룰과 구글의 20퍼센트 타임제는 고어의 제도에서 파생되었다.

웹에서는 그 누구도 명령하거나 지시하지 않는다. 특정 사안에 대해 지지를 얻고 싶다면 설득력 있는 논거를 제시해야 하고, 진실성 있게 처신해야 한다. 하지만 그것이 전부는 아니다. 현안을 끝까지 모니터링 해야 하고, 의견이 대립될 때는 기민하게 대처해야 한다. 협박이나 자기 주장만 잔뜩 늘어놓으면 통하지 않는다. 이 원칙을 무시하면 금방 외톨이가 된다.

세계 최대의 토마토 가공 회사인 모닝스타^{Morning Star}는 조직 내 관리자가 없다. 대신 모든 직원이 스스로 리더처럼 행동한다. 자신의 업무와 목표를 정하고 업무를 성공시키기 위한 계획, 실행, 인력배분 등을 동료들과 자율적으로 조율한다. 직원들은 '동료양해각서 CLOU, Colleague Letter of Understanding'를 작성하기 위해 자신의 업무로 가장 큰 영향을 받는 10명 이상의 동료들과 60분에 걸쳐 토론 한다.[52] 완성된 동료양해각서는 30개의 개별 활동 영역에 적용되며, 모두 모아서 보관하되 누구든 검토할 수 있다. 동료양해각서는 매년 작성되며, 작성하기 전에 같은 사업부 동료들과 모여서 전략 목표를 논의하고 개인의 경력 개발 목표를 공유한다. 업무 역량이 매년 향상됨에 따라 동료들의 관심사와 목표도 달라지면서 동료양해각서는 해마다 업그레이드된다. 모닝스타 직원들은 동료양해각서에 대한 얘기를 하면서 '자생적 질서spontaneous order'의 개념을 자주 꺼낸다. 동료들간 자발적 교류와 협력이 있을 때 고효율의 업무 조정이 이루어진다고 믿기 때문이다.

웹 운영자의 동기부여

웹 운영자는 스스로 동기부여 한다. 그들은 특별한 외재적 보상이나 반대급부 없이 자율적으로 채널을 운영한다. 블로그, 유튜브, 인스타그램 등과 같은 채널을 통해 자신의 콘텐츠를 사람들과 의견을 공유하기도 하고, 트렌드를 창조하는 이노베이터innovator나 평론가 역할을 하기도 한다. 타인에게 관심을 기울이게 하여 결국 자신이 관심을 받는다. 이런 과정을 통해 관계성 욕구를 충족한다. 이면의 동기와 상관없이 타인과 연결되어 있다고 느낀다. 또한 자신보다 중요한 무언가에 기여하고 있다고 생각한다.

다음의 질문에 답해보자. 요즘 MZ세대들이 SNS에 집중하는 이유가 뭘까? 직장에서 관계성이 부족하다고 느끼기 때문이다. 이는 전체 직원 중 극히 소수의 사람만이 직장 내에서 관계성의 욕구가 충족되고 있는 현실을 반영하고 있다는 뜻이다. 사람들이 동기부여 하는 일에 효과가 없는 이유 중 하나는 다른 사람에게 관계성을 느끼라고 억지로 강요할 수 없기 때문이다. 그러므로 직원들이 직장 내에서 어떤 느낌이 드는지에 더 많은 관심을 기울여야 하고, 앞서 그들의 감정을 헤아리는 기술을 익혀야 한다. 특히 인간관계가 단절 되고 무기력감을 느끼는 코로나19와 같은 팬데믹 상황에서는 직원 들과 더 개인적으로 연결되어야 한다.

고어는 관계성의 중요성을 실천하기 위해 독특한 보상 시스템을 운영한다. 전통적 기업은 CEO나 한두 명의 임원이 실질적으로 연봉을 결정한다. 하지만 고어는 동료들의 평가로 연봉을 결정한다. 안타깝게도 상사들은 직원이 얼마나 많은 기여를 했고, 얼마만큼의 연봉을 받는지 모르는 경우가 대부분이다. 고어는 CEO조차도 동료 들의 회의를 거쳐 보수가 결정된다. 방식은 다르지만 '인간은 사회 적 동물이다.'는 명제는 여전히 유효하다.

웹 운영자는 자신에게 선택권이 있다고 인식하는 자율성 욕구가 강하다. 자신의 행위가 자신의 의지에서 나왔다고 느끼고 싶은 욕구 다. 다수의 사람들은 구성원들에게 무조건적인 자유를 주기보다 자 율적으로 행동하기를 요구한다. 조직의 원칙을 지키며 주어진 책임 을 다하고, 가치 창출에 기여하는 모습이 바로 자율인 것이다. 쉽게 말해 누가 시켜서가 아니라 스스로 자기 일을 찾아 수행하고 임무 를 완수하는 사람이야말로 조직이 필요로 하는 자율적 인재인 것이다. 고어는 하고 싶은 일을 스스로 찾아서 한다. 상사에게 지시를 받아서 일을 하는 것보다 각자가 하고 싶은 일을 찾아서 열과 성의를 다 바치는 것이 더 효율적이고 효과적이라고 확신한다.

마지막으로 웹 운영자는 매일매일 닥치는 도전과 기회에 효과적으로 대응하기 위해 뛰어난 적응성을 발휘한다. 사용자의 관심을 끌어내지 못하거나 특별한 가치를 제공하지 못하면 클릭 수는 현저하게 줄어들고 종국에는 외면당한다. 반면 끊임없이 새로운 콘텐츠를 창출하는 운영자는 고객의 충성도가 상승하고 수익이 늘며 평판지수가 올라간다.

사실 웹 운영자보다 기업이 적응성을 키워야 하는 이유는 더 분명하다. 적응성이 뛰어난 기업은 여타 기업들보다 많은 기회를 포착할 수 있고 새로운 방식으로 핵심 사업을 재정립할 수 있다. 세계 필름 시장의 90퍼센트 점유율을 기록하며 황금기를 누렸던 코닥이 적응성을 더 발휘했다면 차세대 디지털 카메라의 진출 기회를 포착하여 애플과 삼성을 능가했을지도 모른다. 또한 코카콜라가 웰빙 트렌드를 읽고 스포츠 음료 시장에 진출해서 게토레이를 인수했다면 펩시코PepsiCo를 능가했을지 모르고, GM이 테슬라나 도요타보다 먼저 하이브리드 차량을 개발했다면 세계 최고의 판매고를 올렸을지도 모른다. 적응성이 뛰어난 기업은 도전과 기회에 효과적으로 대응하고 새로운 시장을 개척한다.

조직이 비대해지면 민첩하게 움직이지 못하고 적응성이 떨어진나. 고어는 어떤 건물이나 공장에서도 200명 이상 근무하지 못하도록 제한하고 있다. 모닝스타는 정규직 직원이 500명밖에 안되는 조직을 20개가 넘는 사업 단위로 분류했다. 많은 비용이 들더라도 이러한 원칙을 지키는 이유는 직원이 늘어나고 부서가 커질수록 직원 간 관계성은 줄어들고 지적 다양성은 결여되는 현상이 나타나기 때문이다. 또한 관료주의도 늘어나고 최종 제품과의 거리가 멀어지면서 완수하겠다는 동기도 줄어들게 된다. 단위를 쪼개고 나눠 생산적인 업무활동을 늘림으로써 성장을 가속화시킨다. 구글이 팀 인원을 평균 4명에서 7명으로 제한하는 것도 같은 이유다.

지금까지 전통적 경영 방식의 대안으로 웹 기반 경영조직을 제시했다. 그 대표적인 실행 기업으로 고어사의 운영 방식으로 소개했는데 어떻게 생각하는가? 참고로 고어사는 1958년 빌 고어^{Willbert Bill L. Gore}가 회사를 창립한 이래 60년이 넘는 세월 동안 한 번도 적자를 낸 적이 없다. 이 말의 의미는 웹 기반 경영 조직이 인터넷이 탄생하기 전인 경영 모델로 아직도 그 유효성이 검증되고 있다는 거다. 그렇다면 검증된 고어사의 경영 모델이 널리 확산되지 못하는 이유가 뭘까? 이 질문에 고어사는 다음과 같이 대답한다.

"우리의 성장은 현재 진행형이에요. 아직까지 우리의 경영 모델을 완전히 정립하지 못했어요."

Point

오늘날 전통적 경영 방식은 인간의 상상력과 창의성을 억압하여 기준과 규칙에 순응하도록 강요해왔다. 그 대안인 웹 기반 경영 조직은 특별한 보상 없이 스스로 동기부여한다. 자율성을 추구하고, 매일매일 닥치는 도전과 기회에 효과적으로 대응하기 위해 뛰어난 적응성을 발휘한다.

5

재택근무,
이제 당연한 문화다

불과 몇 달 만에 코로나19는 우리가 일하는 방식을 바꿔놨다. 코로나19로 인해 전 세계가 한 번도 겪어본 적 없는 미증유의 위기 속에 접어들면서 재택근무를 하지 않았던 기업들도 앞다퉈 재택근무를 도입했다. 2019년까지만 해도 재택근무는 선택의 문제였다. 하지만 바이러스를 피해 비대면·비접촉 생활인 이른바 '언택트'가 일반화되면서 재택근무는 선택의 여지 없이 수용해야 하는 강제사항이 되버렸다. 한국경영자총회가 2020년 9월 발표한 국내 100대 기업 재택근무 현황 조사에 따르면, 코로나19로 인해 응답 기업 대부분인 88.4퍼센트가 재택근무를 도입했으며, 글로벌 기업인 페이스북, 트위터, 아마존, 쇼피파이, 스퀘어^{Square}는 코로나19 종식 후에도 재택근무를 확대하겠다고 밝혔다. 특히 페이스북의 CEO인 마크 저커버그는 2020년 5월 주간 화상회의에서 코로나19로 촉발된 재택근무를 중심으로 향후 10년간 재조정하겠다고 밝혔다. 모리타 약품공업의 다케우치 요시토모도 사장은 68년 만에 도쿄 니혼바시에 있는 본사를 창업지인 히로시마 후쿠야마로 옮겼다. 요시토모 사장은 도쿄의 일극一極 집중 해소를 위해 "본사는 클라우드상에 두어도 상관없다."고 까지 강조한다.

재택근무를 도입 및 확대하는 이유

세계 최대 컴퓨터 제조업체인 IBM은 재택근무의 원조 격이다. 1993년 사무실 외 공간 근무제를 처음 도입했고, 전체 직원 38만 명 가운데 40퍼센트 정도가 재택근무로 일했다. 그 결과 IBM은 미국 내 사무실 임대 비용만 연간 1억 달러, 한화로 약 1,140억 원을 절약했다. 미국 의료보험 기업인 애트나Aetna는 총고용 인원 4만 8,000명 가운데 43퍼센트가 원격근무를 하는 덕분에 사무실 임대 비용을 15~25퍼센트 절감했다. 미국 통계청에 따르면, 2005년부터 2015년 사이 재택근무 비율 증가율이 115퍼센트에 달한다. 일본의 도요타는 2016년부터 1주일에 2시간만 회사에 나오고 나머지는 집에서 일하는 재택근무를 시작했다. 대상은 사무직과 연구·개발 담당 기술직 등 2만 5,000명으로, 전체 직원 7만 2,000명 중 3분의 1에 해당한다. 밀라노대 마르타 앙젤리치 교수는 2020년 이탈리아 대기업 310명의 직원을 대상으로 조사한 결과 주 1회 재택근무를 통해 생산성이 4.5퍼센트 증가했으며, 직원 만족도가 8퍼센트 상승한 것으로 나타났다. 이제 필수를 넘어 강제 사항이 되어버린 재택근무, 제대로 알고 실천해보자.

그런데 갑작스럽게 글로벌 기업들이 재택근무를 갑자기 확대하려는 중요한 이유는 뭘까? 코로나19와 같은 재앙이 언제 닥쳐올지 모르는 '예측 불가능성' 때문이다. 때문에 JP모건은 2020년 4월 코로나19가 급속히 확산되자 핵심 업무가 차질없이 진행될 수 있도록 뉴욕과 런던에 트레이더 및 영업 지원 중 절반을 외곽 지역에 마련된 근무 공간으로 분산 배치했다. 이것을 'BCM^{Business Continuity Management}, 비즈니스 연속성 관리'라고 하는데 비즈니스가 중단되는 시간을 최소한으로 축소시키는 것이 핵심이다. 즉 특정 도시의 공장이 폐쇄되더라도 다른 지역 공장에서 생산성이 이어지도록 하는 전략을 말한다. 코로나19가 장기화 되면서 금융 기업뿐만 아니라 IT 기업들도 위기 시 본사가 아닌 다른 장소에서 업무 연속성을 이어갈 수 있는 BCM 전략으로서 장소의 유연근무제를 실행하고 있다.

장소의 유연근무제는 본사의 위치에 제한받지 않고 인재를 영입할 수 있는 장점이 있다. 본사는 제주도에 있지만 실리콘밸리에 거주하는 인재를 활용할 수 있다는 거다. 재택근무 우선주의를 채택하겠다고 선언한 미국 최대 암호화폐 거래소인 코인베이스^{Coinbase}의 CEO 브라이언 암스트롱^{Brian Armstrong}은 재택근무야말로 전 세계 능력 있는 인재들을 영입할 수 있는 전략이라고 강조했다. 페이스북의 마크 저커버그 역시 대도시에 거주하지 않는 인재들도 채용할 수 있게 될 것이라며, 재택근무를 통한 인재 영입 확장에 대한 기대를 내비쳤다.

　우리나라에서 재택근무를 시도한 것은 이번이 처음은 아니다. 한국은 2017년부터 재택근무를 포함한 유연근무제를 적극 지원했지만 국내 기업 도입률은 8.5퍼센트에 거쳤다. 평균 활용실적은 원격근무제 1.5명, 재택근무제 1.3명으로 기업에서 제도를 도입했어도 실제 이를 적극적으로 실천하는 것은 매우 낮았다. 하지만 지금은 삼성전자, SK, LG를 비롯한 대기업은 물론, 재택근무가 불가능할 것이라 여겨지던 콜센터나 금융권, 제조업에서도 재택근무를 앞다퉈 도입하고 있다. 코로나19 때문만은 아니다. 물론 코로나19가 방아쇠 역할을 했지만 과거에는 불가능한 일이 현재 가능한 가장 큰 이유는 과거에는 업무 상당수를 직원 자율화에 맡겨졌다. 그러다 보니 업무 효율성의 한계가 금방 드러났고 보안 관련 안전성, 협업과 관련된 업무 연결성 부분에서도 매우 취약했다. 그러나 현재는 세계 최고 수준으로 재택근무를 할 수 있는 다양한 정보 기술을 통해 그 취약점을 대폭 보완하고 시스템화했기 때문이다.

　무엇보다 재택근무를 포함한 비대면 근무방식은 경제·사회 전반에 가장 큰 영향을 미치는 MZ세대 직장인들에게 각광을 받는다. 과거의 위계적인 조직 문화, 비효율적인 업무 관리 방식에 불만을 갖던 젊은 직장인들은 안 그래도 근무할 회사를 선택할 때 그 조직의 문화, 즉 일하는 방식을 중요하게 보았다. 조직 문화가 좋다고 입사하는 것은 아니지만 조직 문화가 안좋은 기업이라면 일단 제치고 본다. 여기서 끝나는 것이 아니라 조직 문화가 안좋은 기업은 평판 관리 플랫폼에서 악평이 돌고 돌아 부메랑이 되어 돌아온다. 따라서 재택근무를 포함한 근무 환경을 도외시하는 기업들은 핵심 인재나 임직원들을 인재 경쟁 기업에 빼앗길 위험에 놓여 있다고 봐도 무관하다.

재택근무의 핵심은 무엇인가?

영국에서 '재택근무의 핵심은 무엇인가'라고 조사를 한 결과 '신뢰'가 압도적이었다. 혹시 당신은 '재택근무를 하는 직원이 제때 일을 하는지?', '대충하면 어쩌지?'하는 염려를 해본 적이 있는가? 서울 한 공공기관에서 일하는 33세의 직장인은 하루 몇 차례씩 GPS 캡처로 위치를 보고하고 모든 메시지에 즉각 답해야 했다. 그는 "재택근무는 메신저 답변이 조금만 늦어도 눈치를 준다."라며 "배 아파 화장실에 가면서 불안해 노트북을 들고 간 적도 있다."고 했다.

프랑스의 계몽사상가인 루소는 신뢰를 '타인의 의도나 행동에 대한 긍정적인 기대에 근거해서 취약성을 감수하려는 의도로 구성된 심리적 상태'라고 정의했다. 여기서 중요한 것은 '취약성'이라는 단어인데, 이 단어 속에 신뢰는 위험을 전제한다. 정말 당신과 직원이 신뢰 관계에 있다면 위험이나 취약성에도 불구하고 직원을 감시, 감독하지 않을 것이다.

신뢰에는 세 가지 발전 단계가 있다. 가장 낮은 단계가 '계산적인 신뢰'다. 당장의 손실과 이익을 따져 신뢰 수준을 정하는 것이다. 재택근무를 하는 직원과 이런 정도의 신뢰 수준이라면 주고 받는 것을 명확히 해야 한다. 예를 들면 오전에 과제를 주고 오후에 결과를 체크하며 달성 정도에 따라 보상이 어떻게 주어지는지 확인하는 것이다. 다음 단계는 '지식에 근거한 신뢰'다. 직원에 대해 잘 알고 있어서 어느 정도 행동을 예측할 수 있는 단계다. 해당 직원이 여기까지 할 수 있다는 게 예측이 되면 그만큼 놔두고 지켜보는 것이다. 마지막으로 '동일시에 근거한 신뢰'다. 이는 공동의 목표를 이루기 위해 서로를 인정하고 깊은 상호의존적인 관계를 보이는 단계다. 이는 루소가 정의한 신뢰의 단계로 진정한 신뢰관계를 맺고 있다고 볼 수 있다. 재택근무를 하더라도 방향만 설정해주면 목표설정과 성과를 알아서 잘할 거라고 완전히 믿고 맡기는 것이다.

그렇다면 '동일시에 근거한 신뢰' 단계에 오르려면 어떻게 해야 할까? 첫째, 공동의 목표를 진정으로 공유하는 것이다. 함께 달성해야 하는 목표를 공유하고, 직원의 역할이 조직에 기여하는 정도를 상기시킨다. 아울러 소속감을 주는 '우리'라는 단어를 의도적으로 사용한다. 모든 직원들이 재택근무를 하는 미국 스타트업 깃랩GitLab은 매주 온라인 커피 타임을 여는 등 주기적인 소셜 네트워킹 이벤트를 통해 직원들의 소외감을 극복하고 유대감과 소속감을 고취한다. 둘째, 약속을 준수하고 적절한 권한 위임을 통해 서로 합의한 사항을 존중하고 시켜나가는 것이다. 무엇보다 재택근무는 자율에 맡기고 결과를 명확히 챙기는 것이 중요하기 때문이다. 마지막으로 일관된 행동을 보이는 것이다. 재택근무를 하면서 지켜야 할 행동원칙을 상호간에 정하고 이를 예외 없이 실천해가야 한다.

신뢰에 이은 재택근무의 성공 요건 두 번째는 '소통'이다. 문화인류학자인 에드워드 홀은 1976년 문화간 다양성을 이해하기 위해 '고맥락high context – 저맥락 사회low context culture'라는 개념을 제안했다. 맥락에 따라 사람 사이에 사회적 유대감, 책임감, 헌신, 대립, 소통이 어떻게 다르게 맺어지는지 연구했다. 고맥락 사회에서 정보는 깊은 의미를 담은 단순한 메시지로 넓게 퍼진다. 예를 들어 당신의 자녀가 "반장선거에 나간다."고 하면 출마에 따른 자녀의 역할과 여러 가지 학부모의 책임과 기여 등 다양한 의미를 내포하게 된다. 반면 저맥락 사회는 서로에 대한 관심보다는 개인에게 초점이 맞춰져 있고, 명문화되지 않은 암묵적 룰이라는 것이 상대적으로 적다. 한국은 전형적인 고맥락 사회다. 고맥락은 메시지에 담긴 정보보다 맥락을 통해 정보를 전달한다. 예를 들어 팀장이 "이건 중요해."라고 말하는 표현이 진짜인지 엄포용인지 알 수가 없다. 상사가 일을 시킬 때 일의 중요도와 우선순위가 무엇인지 명확히 설명해주지 않기 때문이다. 직접 만나서 대화하면 눈빛과 말투, 표정 등을 통해 중요도의 정도를 파악할 수 있는데 재택근무로는 파악하기가 쉽지 않다. 따라서 재택근무 시 업무 목표와 원하는 아웃풋, 배경과 맥락을 구체적으로 제시하고 직원들이 제대로 이해했는지를 체크해야 한다.

마지막 세 번째로 팬데믹 상황에서 가장 많은 노력을 기울여야 하는 부분이 바로 관리자들의 마인드셋이다. 큰 둑이 무너지면 작은 고랑은 함께 휩쓸리듯, 관리자가 무너지면 속절없이 조직은 무너지고 만다. 이러한 특성은 코로나19 대응에 실패한 나라들의 공통점이기도 하다. 불안하고 혼란하기는 직원이나 관리자들이나 마찬가지지만 사업의 영속성을 위해 관리자들은 보다 리스크가 높은 역할을 요구받았다. 그 대표적인 것이 '회복탄력성Resilience'이다. 회복탄력성은 심각한 경영의 국면에서 좌절하지 않고 기존보다 더 나은 방식으로 재기할 수 있는 개인의 고유한 성질이자 활동이다. IBM은 관리자들의 회복탄력성을 높이기 위해 외부의 도움을 받아 Employee Assistance Program을 운영하고 있다. 비춰보기Relfect – 표현하기Relate – 회복하기Renew – 깨닫기Realize의 4단계로 구성되어 있는 회복탄력성 강화 프로그램을 통해 팬데믹 상황에서 중심잡기 노력을 하고 있는 것이다. 어떻게 보면 상당히 아이러니한 현상이 IBM을 비롯한 대부분의 조직에서 벌어지고 있는 것이다. 4차 산업혁명의 시대에 인공지능, 클라우드, 자율주행차, 사물인터넷 등의 사업을 전개하는 기업의 관리자들이 정작 중요하게 배우고 있는 것이 바로 인간의 본성과 흔들리는 마음의 중심 잡기라는 것이기 때문이다.

코로나19로 인해 국내 기업뿐만 아니라 글로벌 기업들이 앞다퉈 재택근무를 도입하는 것을 보고 재택근무가 무조건 좋은 것이라고 오해하지 말자. 일하는 방식의 변화는 단지 사무실에서 하느냐, 카페나 집에서 하느냐의 문제가 아니다. 중요한 것은 익숙함과의 결별을 통해 새로운 변화를 두려움 없이 받아들이는 태도다.

Point •

재택근무는 선택의 문제가 아니다. '동일시에 근거한 신뢰'의 단계에 이르면 장소는 문제되지 않는다. 재택근무는 감시와 통제보다 지켜야 할 행동 원칙을 상호간에 정하고, 자율의 과정에 결과를 명확히 챙기며, 이를 예외없이 실천하는 것이 중요하다.

PART 4

Context
소비자의 욕망에 주목하라

"학습의 가장 큰 장애물은 이미 다 알고 있다는 생각이다."

존 맥스웰 John Maxwell

ET와 펩시콜라의 공통점

인간 수준의 상식과 임기응변이 가능한 인공 지능이 언제쯤 출연할까? 미래학자들은 2040년 전후라고 확신하지만, 또 어떤 이들은 그런 날은 절대 오지 않는다고 한다. 나는 후자에 한 표를 더 행사하고 싶은데, 그 이유는 인간의 고유한 특성인 '콘텍스트context'라는 허들을 인공 지능이 뛰어넘어야 하는데 그것이 쉽지 않기 때문이다.

예를 들어보자. 부모가 아이에게 "공부해."라고 하는 이 말은 '텍스트text'다. '이 말을 어떤 상황에서 했는가'는 이 말을 평가하는 데 중요한 의미를 갖는다. 낮에 했다면 당연한 말이 되겠지만 새벽 2시에 했다면 의미가 달라진다. '혹독한 부모'라는 평가가 나올 수 있다. 새벽 2시라고 하는 상황이 바로 '콘텍스트'다. 물론 콘텍스트는 그런 시간적 상황만을 말하는 게 아니다. 말과 글이 나오게 된 모든 상황과 환경을 일컫는다. "공부해."라는 텍스트는 인공 지능에게는 쉬운 일이지만 단어와 단어의 맥락, 문장과 문장의 문맥과 의미를 이해하는 일은 인공 지능에게는 무척 어려운 일이다.

인간은 부분을 부분으로만 보지 않고 전체의 일부로 바라본다. 전체에 위치한 부분의 콘텍스트로 문장과 대상을 이해하고 파악한다. 해석수준이론에 따르면 이를 '고차원해석high level construal'이라고 하는데, 바람직함desirability과 이상적 혜택을 중시한다. 부분보다 전체적 맥락을 이해하려 하므로 추상적 사고abstract thinking에 가까우며, 상대적으로 '넓은 사고'에 해당한다. 반대의 개념인 '저차원 해석low level construal'은 뭐든 세세하게 따지며 보기 때문에 구체적 사고concrete thinking의 경향을 띤다. 쉽게 말해 '좁은 사고'라고 할 수 있다. 두 개념을 광학기기에 비유하면 저차원해석은 현미경에, 고차원해석은 망원경에 가깝다.

문제는 대부분의 사람들이 문제나 사물을 인공 지능의 우수한 특성처럼 저차원해석 방식으로 대한다는 거다. 당장 눈앞의 손익이 아른거리다보니 투입 시간과 노력, 돈 등을 따지며 '이걸 해야 할지 말아야 할지' 늘 재기만 한다. 콘텍스트를 보지 못하고 당장의 현실에만 눈을 돌려 모든 걸 텍스트 수준으로 보기 때문에 모든 게 기존 것의 답습에 그친다. 늘 해 오던, 편안하고 익숙한 것만 계속 찾게된다. 당연히 제품이나 디자인, 기술에 대한 혁신적이고 창의적인 아이디어를 기대하긴 힘들다. 설사 변화가 일어났다 해도 기존 것에 대한 단순 가감加減에 그치는 경우가 많다.

중국 전국시대의 사상가였던 순자의 《해폐》편에 이런 말이 나온다. "사물의 한 면에 사로잡혀 전체를 파악하지 못함이 병폐다. 인간은 사물의 한 면에 마음을 빼앗기면 전체를 파악하지 못한다. 편견을 버려야 올바른 판단을 할 수 있는데 한쪽 면만을 보고 그게 전부라고 믿으면 마음의 미혹함이 깊어진다."

순자의 경고처럼 전체를 파악하지 않고 부분에 치중하는 것은 커다란 병폐다. 부분은 전체보다 결코 조화롭지 못하고 지혜롭지도 못하다. 부분은 전체를 반대하고, 그 반대에서 분열이 일어나고 추함이 생겨난다. 결국 전체를 보지 못한 리더는 일을 파국으로 이끈다. 창조적 혁신은 전체를 파악하는 데서 나온다. 부분만 바라보는 시각에서 나올 수 없다. 이를테면 세계적인 명화를 보라. 추상표현주의 미술의 선구적 대표자인 잭슨 폴록Jackson Pollock, 입체파의 거장 파블로 피카소Pablo Picasso, 미술과 과학, 대중문화의 전통적인 경계에 도전하는 데미언 허스트Damien Hirst 등이 그린 심금을 울리는 명화들을 부분으로 쪼개보면 전혀 무가치해 보인다. 그림이 무엇을 의미하는지 도통 알 수가 없다. 어떤 것이든 부분은 추한 것이고, 전체는 아름답다.

맥락으로 승부하라

콘텍스트는 전체적인 맥락을 정확하게 진단함으로써 언제 어디서나 모든 사람들에게 영향을 미칠 수 있는 능력을 포함한다. 콘텍스트를 보여주기 위해서는 다음의 세 가지 과정이 필요하다.

> 1. 인지: 상황 및 환경의 변화를 인지한다.
> 2. 판단: 특정 상황에서 어떤 행동이 중시되는지 파악한다.
> 3. 영향력: 상황이 바뀔 때 적절한 시점에서 자신의 영향력을 행사한다.

①인지, ②판단, ③영향력으로 구성된 이 3단계 과정은 인공 지능과 차별화되고 인간에게 이상적인 혜택을 준다. 초콜릿 예를 들어 보자. 전 세계적으로 가장 많이 알려진 초콜릿 브랜드는 허쉬Hershey다. 그렇지만 1980년대 초반까지는 아니었다. 스티븐 스필버그의 영화 〈E.T〉가 1982년에 개봉했다. 영화 속 남자 주인공 아이가 ET를 집까지 유인하기 위해 초콜릿을 계속 떨어뜨려 놓는데(인지), 그때 화면에 선명하게 부각된 초콜릿은 허쉬였다(판단). 이때부터 허쉬 초콜릿은 마트 진열대에서 흔히 보는 초콜릿이 아니라 인간과 외계인의 훈훈한 연결고리로 자리잡게 되었다(영향력). 영화 개봉 1개월 만에 허쉬 초콜릿은 판매량이 65퍼센트 상승했다. 콘텍스트를 마케팅에 활용한 대표적 사례로 PPL 광고의 효시이자 초콜릿 산업 왕좌의 시작이라고 할 수 있다.

영화나 드라마의 스토리 속에 잘 녹아들어서 등장하는 PPL 상품은 영화의 감흥이나 드라마의 재미에 연결되는 전체의 맥락에서 그 상품을 기억한다. 〈시크릿 가든〉의 거품 키스 장면(카페베네), 〈태양의 후예〉에서 송혜교와 함께 등장했던 화장품(라네즈) 등의 사례는 부분을 부분으로 보여주지 않고 전체의 일부로 보여주어 구매를 자극한다. 전체에서 주는 이미지와 전체가 어우러지는 콘텍스트를 강조하여, 고객들로 하여금 제품을 훨씬 더 친숙하게, 또 다양하게 활용하도록 촉진한다.

콘텍스트를 보다 공격적으로 활용하는 기업이 이케아IKEA다. 이케아 매장은 타 쇼핑몰과 달리 내부가 미로처럼 되어 있어서 계산대로 가기까지 매장의 거의 모든 곳을 들러야 한다. 방문객이 이케아 매장에서 보내는 시간은 평균 세 시간에 달한다. 방문객들은 이케아의 독특한 매장 구조에 파묻혀 헤어 나오지 못한다. 그럼에도 불구하고 수많은 고객이 이케아를 찾는 이유는 뭘까? 경쟁사에 비해 저렴한 가격에도 경쟁력이 있지만 무엇보다 콘텍스트를 체험하기 위해서다. 그래서 이케아는 부분이 아닌 전체를 보여준다. 집처럼 꾸며놓은 쇼룸(인지)은 '이렇게 살 수도 있구나', '이렇게 살아보고 싶어'(판단)라는 고객의 라이프 스타일을 창조한다(영향력). 거실과 침실, 식당과 공부방, 그것들의 전체적인 이미지와 분위기를 느끼고는 마지막으로 창고에서 물건을 집어든다.

부분이 아닌 전체, 콘텍스트에 집중해야 하는 또 다른 이유는 리더십에도 영향을 미친다. 《힘든 시기: 미국에서의 리더십Hard Times: Leadership in America》의 저자인 바버라 켈러먼Barbara Kellerman은 콘텍스트를 현대 사회의 가장 중요한 리더십 측면 가운데 하나로 꼽는다. 하나의 콘텍스트에서 혹은 서로 다른 콘텍스트에서 일어나는 작은 변화를 계속 파악하고 있으면 높은 수준의 영향력을 발휘하고 뛰어난 성과를 올릴 수 있다. 이유인즉 콘텍스트 지수가 높은 사람은 변화가 일어나기를 기다렸다가 행동하지 않는다. 그런 사람들은 변화가 결코 멈추지 않는다는 점과 경고 없이 언제나 파국으로 찾아올 수 있다는 점을 직관적으로 인지하고 있다. 이런 지식으로 무장한 콘텍스트가 높은 리더들은 변화의 흐름이 전환되는 와중에도 리더십을 발휘할 준비를 한다.[53]

콘텍스트 리더십의 대표적인 인물이 인드라 누이Indra Krishnamurthy Nooyi다. 1898년 창업한 펩시콜라는 1886년 창업한 코카콜라를 100년 이상 한 번도 추월해 본 적이 없는 만년 2위 기업이었다. 그런데 인드라 누이가 100년 만의 역전 드라마를 만들어 냈다. 그녀는 미국에서 태어나지도 않았고 미국에서 자라지도 않은, 인도에서 대학을 나온 전형적인 인도인이었다. 어떻게 해서 기적 같은 역전드라마가 가능했을까? 그녀는 1994년 당시 펩시코의 CEO인 웨인 칼로웨이Wayne Calloway의 설득으로 펩시코 부사장이 되었다. 펩시코에 자리잡은 그녀는 1990년대 후반부터 일기 시작한 세계적인 웰빙 트렌드의 콘텍스트를 감지했다. 탄산음료 시장의 한계를 예측한 그녀는 콜라로서는 코카콜라를 절대 이길 수 없다고 판단하고 건강음료와 식품 등 분야로 사업다각화를 강력하게 추진했다. 그녀는 우선 자회사인 피자헛, KFC, 타코벨 등 외식 사업 부문을 과감하게 매각했다. 외식 사업 부문에서 손을 떼자 펩시를 경쟁사로 여겨 음료 구매를 꺼리던 맥도날드, 버거킹 등 다른 외식업체들이 펩시콜라를 매장에서 판매하는 효과가 발생했다. 이에 힘입어 2001년 최고 재무 책임자CFO가 된 그녀는 웰빙 트렌드에 맞춰 게토레이를 보유한 퀘이커오츠Quaker Oats를 인수했다. 퀘이커오츠 인수는 펩시코의 운명을 결정한 한판 승부였다. 2003년부터 모든 제품에서 트랜스 지방Trans Fat을 제거한 것도 그녀의 결정이었다. 마침내 상황이 역전되기 시작했다. 2004년 펩시코는 전체 매출 292억 달러로 올라감으로써 219억 달러에 그친 코카콜라를 73억 달러 차이로 앞질렀다. 2005년 펩시코는 시가 총액에서도 984억 달러로 979억 달러인 코카콜라를 제쳤다. 실로 100여 년만의 역전드라마가 연출된 것이다. 이러한 변화를 주도한 공로로 인드라 누이는 2006년에는 펩시코의 CEO로 선임되었다. 참고로 2020년 기준 펩시코의 매출액은 703억 달러이고, 코카콜라는 330억 달러다.

반면에 코로나19와 같은 갑작스런 팬데믹 상황에서 콘텍스트를 제대로 파악하지 못하면 펩시코에 역전패 당한 코카콜라, 미국 자동차기업 포드의 CEO인 제임스 해킷James Hackett, 프랑스 국적의 글로벌 식품 기업 다논Danone의 CEO 에마뉘엘 파베르Emmanuel Faber와 같은 무책임한 결과를 낳을 수 있다. 앞으로 리더십의 방식과 정체성에 대한 기본적 가정이 흔들리는 풍토에서 해답을 찾아 헤매는 리더들의 모습을 고려할 때, 콘텍스트는 점점 더 중요해질 것이다.

망원경 사고를 높이는 법?

세상에 공짜는 없다. 인드라 누이와 같은 탁월한 콘텍스트 사고를 발휘하기 위해서는 시간과 인내심을 가지고 투자해야 한다. 자연과 세상은 인내력이 많은 관찰자에게만 놀라운 모습을 보여준다. 평소 "왜"라는 질문을 던지면서 주위를 관심 있게 보기 시작하면 숨어 있는 팩트, 변화를 주도하는 실제적 힘을 발견할 수 있다.

1. 사소하고 작은 변화에도 관심을 두고 관찰한다.
2. 당연하게 생각하는 것에 '왜Why'라고 질문한다.
3. 바뀌고 있는 현상을 넘어 그 안에 갖춰진 필연성을 찾는다.
4. 도출된 필연성의 현재와 미래 변화 흐름을 예측한다.
5. 관찰한 결과를 현재 하는 일, 새로운 시장과 연결한다.

| 콘텍스트 사고를 높이는 5 Steps |

콘텍스트 사고를 높이고 관찰에 몰입할 때 다음의 두 가지 방해 요소를 조심해야 한다. 세계적으로 존경받는 리더십의 권위자 스티븐 코비Stephen R. Covey의 책《성공하는 사람들의 7가지 습관》에 나오는 내용이다.

정글 앞에서 두꺼운 덤불을 베며 나아가는 팀이 있다.

이 팀의 리더가 앞으로 전진하고 있는 팀을 보고 보다 넓게 방향을 전

망하기 위해 나무 위에 기어 올라 갔다.

그리고는 놀라서 내려와 말했다.

"이봐! 길을 잘못 들었어!"

바로 그때 팀의 관리자가 그를 밑에서 노려보며 대답했다.

"조용히 해. 우리 지금 전진하는 중이야."

8만 병력을 이끈 잉카제국이 피사로가 이끈 180명의 군사에 의해 100년 만에 멸망한 이유는 관성에 따라 늘 하던 대로 사고하고 행동했기 때문이다. 마찬가지로 소니와 필립스, 도시바와 히타치가 CD보다 음질이 우수한 디비디 오디오^{DVD Audio}나 수퍼 오디오 시디 ^{Super Audio CD}를 개발하고도 고객의 마음을 사로잡지 못한 이유는 누적된 성공 경험이 만든 관성에 빠졌기 때문이다. LP 레코드판에서 카세트테이프로, 다시 CD까지 성공 원칙은 모두 음질이었다. 그러나 고객이 진짜 원했던 건 '음질'이 아니라 '포터빌리티^{portability}', 즉 '휴대성'이었다.

대부분의 조직은 늘 하던대로 앞으로 나아가려는 관성을 지니고 있다. 정글의 숲을 헤치고 200m를 전진해 오면서 아무런 문제가 없었기 때문에 '이것이 옳다'라고 스스로 납득해 버린다는 것이다. 전통적 관습이나 믿음, 습관, 업무적 특성 등 여러 가지 상황적 이해관계가 상황적 선입견을 만든다. 보이는 것을 그대로 믿으려고 하지 않고, 새로운 방식이 나타나면 일단 거부부터 한다. 이런 상황적 선입견은 편협한 관점으로 생각이 붙들린 상태로 잘못된 결과를 초래할 수 밖에 없다. 트위터가 처음 등장했을 때 많은 전문가들은 이들이 성공하지 못할 것이라고 장담했다. 위키피디아가 등장했을 때도 마찬가지다. 하지만 이들은 모두 지금 전 세계에서 사랑받는 글로벌 인터넷 서비스가 되었다.

두 번째 방해 요소는 '평균이 유용하다'고 가정하는 태도다. 평균을 우선적으로 활용하는 태도는 기본적으로 평균이 이상적이고 특별한 결점이 없는 상태를 포함한다는 생각에서 비롯된다. 벨기에의 천문학자이자 수학자였던 아돌프 케틀러Adolphe Quetele는 모든 속성을 평균적으로 보유한 '평균인'을 상정하고 이들이야말로 사회를 대표하는 존재라고 생각했다. 다양한 사람들의 특성을 고려하기보다는 평균을 표준으로 생각하고 이 표준에 모든 것을 맞춰야 한다는 것이다. 비극적이게도 이러한 태도는 콘텍스트와 다양한 사고를 가로막는 적이다. 사람들의 행동과 사고를 하나로 묶어 집단적 평균으로 치환해버리면 조직 구성원 각자의 방식대로 성과에 기여하는 점이 드러나지 않고 생각이 획일화된다. 이러한 마인드를 극단적으로 드러낸 실패 사례가 토드 로즈Tood Rose의 저서《평균의 종말The End of Average》에 소개된 1940년 미국 공군 조종석의 설계다. 가장 평균적인 조종사의 체형에 맞도록 설계된 조종석은 그 누구에게도 맞지 않았다. 평균적인 사람은 존재하지 않는다. 평균적인 직원, 평균적인 조직, 평균적인 배우자 같은 존재도 없다. 평균 개념에 의지한 의사결정은 고차원적인 해석을 하지 못하게 만든다. 결국 콘텍스트는 개별적 방식, 나름의 원칙으로 기여하는 독특한 개성을 인정하는 것과 관계있다.

요컨대 오늘날의 세계는 과거와 다르고, 미래의 세계는 지금과 더더욱 다를 것이다. 이 문제를 해결하려면 새로운 시각이 필요하다. 북두칠성을 볼 때 그냥 일곱 개의 별을 보는 것이 아니라 하나의 무리로 파악해서 국자 모양으로 인식하듯, 그 어느 때보다 서로 연결하고 통합된 콘텍스트의 사고가 필요한 시점이다. 그렇다고 콘텍스트가 마법의 특효약은 아니다. 다만 우리를 전혀 새로운 통찰과 사고방식의 길로 이끌어준다는 점에서 마법처럼 보일 수는 있겠다.

Point •

어떤 일의 맥락과 전후 사정을 일컫는 '콘텍스트'는 인간만이 가진 고유한 특성이자 리더십 측면 가운데 중요한 요소다. 서로 다른 콘텍스트에서 일어나는 작은 변화를 계속 파악하고 있으면 높은 수준의 영향력을 발휘하고 뛰어난 성과를 올릴 수 있다.

브랜드를 잊어라

"구두약 회사가 맥주를 판다고?"

다수의 소비자들은 '말표'는 구두약이라는 인식이 강해 식품류와 어울리지 않을 거라고 판단했다. 하지만 말표 맥주는 코로나가 한창인 2020년 10월 출시 3일 만에 초도물량 10만 개가 모두 완판됐다. 수제 맥주 중에서는 처음으로 '칭따오'를 제치고 편의점 전체 맥주 매출 4위에 올랐다. 말표산업과 CU, 국내 브루어리가 협업해 만든 말표 맥주는 구두약을 연상시키는 흑맥주로 남성층을 공략해 성공한 대표적인 사례다.

말표 흑맥주 이전에는 밀가루 회사인 대한제분이 CU와 손잡고 '곰표 밀맥주'를 판매했다. 곰표 밀맥주는 3일 만에 첫 생산물량 10만 개를 완판했고, 누적 판매량노 일주일 새 30만 개를 돌파했다. 이는

CU가 2017년 업계 최초로 수제 맥주를 선보인 후 3년 만에 최고 실적이다.

곰표와 말표가 많은 대중들에게 호응을 얻고 있는 건 뜬금없다. 특히 말표 흑맥주는 딱히 구두약과 연관성이 없음에도 폭발적인 인기를 끄는 이유가 뭘까? 과연 소비자들은 어떤 심리로 소비하는 걸까? 바이러스가 전 세계가 급속도로 빠르게 전파되는 상황이 되면 사람들은 심리적으로 위축되고 자신감을 잃게 마련이다. 이런 위기 상황에서 소비자들은 새로운 소비 행동을 촉진하기보다는 오랫동안 신뢰해 온 브랜드를 더욱 선호하게 된다. 실존 심리학에서 주장하는 '공포 관리 이론terror management theory'에 따르면 질병과 같은 극도의 공포 분위기 속에서 사람들은 원래 자신의 세계관에 좀 더 초점을 두게 된다. 그때그때 유행이나 새로운 트렌드를 좇기보다 원래 자신이 가진 습관이나 관습과 같은 타성에 좀 더 많이 기대게 된다. 미국의 글로벌 투자은행 에버코어Evercore에서도 비슷한 조사를 했는데 바이러스가 창궐하는 상황에서 소비자들은 새롭고 트렌디한 것보다 익숙하고 진실된 브랜드를 선호하는 것으로 나타났다. 코로나 사태이후 손님들이 새로운 가게를 개척하기보다는 단골 가게를 더 찾는 현상도 같은 원리다. 때문에 완전히 새로운 브랜드를 출시하는 것은 현재로서는 악수를 두는 것과 같다. 행동 과학을 연구하는 이노베이션버블의 CEO인 사이먼 무어Simon Moore도 "소비자들은 새로운 사고방식을 받아들이기보다 기존의 사고방식을 유지하는 데 집중한다."고 강조했다.

카테고리의 법칙

코로나19로 인해 브랜드의 중요성은 더욱 부각되었다. 브랜드는 현실 사회를 반영한다. 코로나19가 전 세계에 미치는 영향을 간과하면 소비자에게 불통 브랜드로 인식될 수 있다. 하지만 팬데믹 상황에서 제품을 마케팅하기는 쉽지 않은 일이다. 그렇다면 팬데믹 이후 상황에서 브랜드 전략을 어떻게 성공시킬 수 있을까?

현재를 '상품 시대'와 '이미지 시대'를 넘어 '포지셔닝positioning 시대'라고 한다. 오늘날 정보 과잉의 사회에서 성공하려면 기업은 소비자의 마인드에 하나의 포지션, 즉 자사의 강·약점은 물론 경쟁사의 강·약점까지 고려해 둔 접근 방법이 필요하다. 포지셔닝 시대에는 무언가를 발명하거나 발견하는 것만으로는 경쟁력을 갖출 수 없다. 무엇보다 소비자의 인식에 가장 먼저 들어가지 않으면 안 된다는 사실이다.

다음의 퀴즈를 풀어보자.

Q1. 세계 최초로 북대서양을 가장 먼저 단독 비행한 사람은 누굴까? 그러면 북대서양을 두 번째로 단독 비행한 사람은 누굴까?
Q2. 당신의 첫 사랑은 누구인가? 그럼, 두 번째 사랑은 누구인가?

Q1에서 첫 번째 질문의 답은 찰스 린드버그Charles Lindbergh이다. 그

런데 두 번째 질문의 답은 쉽게 대답하기 어렵다. 클라렌스 체임벌린Clarence Duncan Chamberlin이다. 두 번째 문제의 Q2의 첫 번째 질문에 대한 답은 아마도 바로 이름이 튀어나오거나 얼굴을 떠올렸을 거다. 두 번째 질문의 답은 "……"다.

여기서 알 수 있는 건 뭘까? 우리의 인식에 첫 번째 포지션을 차지한 상품과 사람을 쫓아내기란 정말 어려운 일이다. 인간의 뇌를 최초 선점하면 포지션에 각인된다. 사진의 코닥, 복사기의 제록스, 검색의 구글과 네이버, 인터넷 서점 아마존이 이에 해당한다. 소비자의 뇌 속을 최초 선점하는 것은 구매에 결정적이다.

물론 두 번째도 성공할 수 있다. 코닥에 도전한 후지, 허츠에 도전한 아비스, 코카콜라에 도전한 펩시 등이 그 예다. 문제는 3위나 4위 브랜드다. 3위나 4위는 현재 우리의 문제이자 새롭게 창업을 하는 기업의 당면 과제다.

소비자의 기억 속에 '최초'로 인식되지 못했다 하더라도 희망을 버릴 필요는 없다. 서두에 제시한 Q1으로 돌아가 보자. 북대서양을 세 번째로 단독 비행한 사람은 누굴까? 아멜리아 메리 에어하트Amelia Mary Earhart라는 인물을 떠올리는 사람이 많을 거다. 그녀는 북대서양 단독 비행에 성공한 세 번째 인물이다. 세 번째 성공한 인물이 어떻게 유명하냐고? '첫 번째'이기 때문에 유명해진 것이다. 대서양 단독 비행에 성공한 '첫 번째 여성'으로서 말이다. 어떤 영역에 최초가 될 수 없다면, 아멜리아 메리 에어하트처럼 새로운 카테고리를 개척하면 된다.

1949년은 폭스바겐이 미국에 처음 진출한 해이다. 이 해에 폭스바겐이 미국에서 판매한 자동차는 몇 대였을까? 놀랍게도 단 두 대뿐이었다. 당시 미국의 자동차 시장은 크고 힘세고 화려한 디자인의 차가 잘 팔리던 시대였다. 반면 폭스바겐의 차는 작고 보통의 힘과 평범한 디자인이었다. 그런데 폭스바겐은 딱정벌레처럼 짧고 땅딸막한 비틀을 출시한 후 생산이 중단될 때까지 무려 2,250만 대를 판매했고, 역사상 최고의 베스트셀러가 되었다. 폭스바겐이 찾아낸 카테고리는 '크기'였다. '작게 생각하세요Think small'를 주 테마로 삼아 역사상 가장 확실한 포지션을 획득했기에 미국인의 상식을 완전히 뒤엎을 수 있었다. 이것이 '카테고리의 법칙'이다.

카테고리 법칙의 핵심은 'CEP^Category Entry Point'라는 개념이다. 예를 들어 '간단히 먹는 점심 메뉴'를 생각했을 때, 소비자들이 가장 먼저 '빅맥'을 떠올리며 맥도날드 햄버거를 산다. 이것을 '정신적 가용성'[54]이라고 하는데, 사람들이 더 많은 CEP로 '간편한 점심 메뉴'를 떠올린다면 빅맥은 더 많이 팔리게 된다.

코카콜라는 소비자의 마음속에서 '콜라'라는 CEP를 차지한 단어이며, 레드불은 '에너지 드링크'라는 CEP를 차지한 하나의 단어다. 풀무원은 '자연은 맛있다'라는 상온 보관이 가능한 생라면을 출시하여 시장으로부터 좋은 반응을 끌어낸 것은 '생라면'이라는 새로운 CEP를 창출했기 때문이다. 물론 처음부터 '생라면'이라는 CEP가 성공적으로 형성되었던 것은 아니었다. 웰빙 트렌드와 소비자들이 식품 안전성과 건강에 대해 이전보다 더 깊은 관심과 주의를 기울이게 되면서 기존 일반 유탕면에 결코 뒤지지 않는 건강에 좋은 '생라면' CEP를 창출해 정신적 가용성을 확고히 구축했다.

다른 사례를 살펴보자. 빙그레가 우리나라 라면 역사의 한 축을 담당했던 기업이라는 사실을 아는가? 빙그레는 1985년 11월 첫 라면 TV광고를 시작으로 2003년 4월까지 17년간 라면 사업을 한 대한민국의 대표 기업이었다. 한때는 시장 점유율을 올리기 위해 야심 찬 행보를 보이기도 했는데, 1998년에 출시한 '매운 콩' 라면이 바로 그 제품이다. 당시 기존 라면은 팜유로 면을 튀기다 보니 콜레스테롤을 함유하고 있었는데 '매운 콩' 라면은 팜유가 아닌 콩기름으로 튀겨 콜레스테롤이 없다. 제품을 출시하려 한 1990년대 후반에는 전 세계적인 웰빙Well-being 바람이 불면서 건강 음식에 대한 관심이 높아지고 있었다. 빙그레는 대한민국 최초 '콩 라면'이라는 카테고리가 알려지면 시장을 재편할 수 있을 거라 판단했다. 그런데 라면 업계 1위인 농심이 이 정보를 사전에 입수하고 빙그레가 '매운 콩' 라면을 출시하기 며칠 전, '농심 콩 라면'을 출시해버렸다. 결과는 어떻게 되었을까? 사실 '농심 콩 라면'은 콩 기름으로 면을 튀긴 '콩 라면'이 아니고 검은 콩에서 추출한 콩펩타이드 성분을 함유한 콩 라면이다. 이 제품 역시 팜유로 면을 튀겨 콜레스테롤을 그대로 함유하고 있다는 뜻이다. 안타깝게도 일단 농심 콩 라면 광고가 한발 먼저 전파를 타버리자, 이후 출시된 '매운 콩' 라면은 일종의 모방상품으로 인식되었다.

빙그레의 매운 콩 라면은 '콩 라면'이라는 카테고리를 먼저 창출했지만 애초에 목표했던 시장 재편에는 실패하고 말았다. 반대로 농심은 '콩 라면'이라는 카테고리를 먼저 선점하면서 시장을 성공적으로 방어할 수 있었다. 결국 강력한 브랜드란 CEP와 연결된 브랜드를 의미한다.

카테고리(CEP)	제품(상품)명
조미료	미원
커피크림	프리마
즉석밥	햇반
섬유유연제	피죤
액체 소화제	가스 활명수
자양강장제	박카스
밴드	대일밴드
밀폐용기	락앤락
떠먹는 요구르트	요플레
주방세제	퐁퐁
스몰비어	봉구비어
달콤한 감자칩	허니버터
김치 냉장고	딤채
한방 화장품	설화수
비타민 드링크	비타500

| CEP와 강하게 연결된 브랜드 |

새로운 CEP를 창출하기 위해서는 소비자의 구매 결정 과정을 이해하는 것이 필수적이다. 예를 들어 어떤 소비자가 전기차를 사기로 결정했다면, 전기차와 연관성이 없는 브랜드들은 고려 제품군에 들어가지 않을 것이다. 이처럼 어떤 사람이 자동차를 구매하고자 한다고 했을 때, 특정 브랜드나 제품을 먼저 선택하는 것이 아니라 '카

테고리'를 먼저 결정한 후에 그 카테고리에 맞는 브랜드와 제품을 떠올린다.

이렇게 CEP는 소비자들의 구매 결정 과정에서 제품과 브랜드보다 높은 수준에서 소비자 결정을 규정하기 때문에 기업이 새로운 CEP를 창출하고 제품과의 연관성을 획득하고 강화하는 것은 매우 중요한 과제이다. 또한, CEP는 소비자의 구매 결정 과정에서 강력한 영향력을 발휘하기 때문에 신규사업을 추진하거나 새로운 제품의 판로를 개척해야 하는 기업 입장에서는 새로운 CEP를 창출하여 시장의 판도를 바꾸는 것은 아주 중요한 전략적 접근이 될 수 있다.

따라서 새로운 제품을 출시할 때 가장 먼저 생각해야 할 질문은 "이 제품이 경쟁사의 제품보다 어떤 점에서 좋은가?"가 아니라 "어떤 점에서 최초가 되어야 하는가?"가 되어야 한다. 보다 구체적으로는 "이 신제품이 최초가 될 수 있는 CEP는 무엇인가?"로 질문해야 한다.[55]

CEP 중심의 전략적 접근 방법은 '어떻게 하면 사람들이 우리 브랜드를 더 좋아하게 만들까?'라는 브랜드 지향의 전통적 규칙을 파괴한다. 이제 브랜드는 잊어라. 대신 CEP를 생각하라.

카테고리 포지셔닝

코카콜라는 '콜라', 아마존은 '인터넷 서점', 구글과 네이버는 '검색'이라는 CEP를 지배하고 있으며, 해당 카테고리의 대명사가 되었다. 사람들이 브랜드를 카테고리의 대명사처럼 사용하게 되면 경쟁자가 아무리 노력해도 그 브랜드의 대명사 자리에서 내려오게 만들기 어렵다. 하지만 아무리 강력하게 카테고리를 지배하고 있어도 경쟁자는 나타나기 마련이다. 이럴 때는 어떻게 해야 할까? 대부분의 기업은 카테고리 키우기를 멈추고 경쟁자를 몰아내려고 한다. 하지만 고수는 오히려 새로운 카테고리를 열고, 경쟁자들이 해당 카테고리로 들어오도록 유도한다. 새로운 내 카테고리로 들어오는 경쟁자들이 있다면 반갑게 맞아주어야 한다.

경쟁자가 없는 CEP는 소비자들에게 인정받기 어렵다. 소비자는 선택지가 하나밖에 없으면 그 카테고리를 의심하기 시작한다. 그러나 카테고리에 선택지가 생기면 고객은 신뢰한다. 코카콜라가 만들어 낸 '콜라' 카테고리에 펩시가 뛰어들어 치열하게 경쟁한 결과 1인당 콜라 소비량은 늘어났다. 펩시 덕분에 코카콜라가 더욱 성장한 것이다.[56] 계절밥상이 계절의 흐름에 따라 토종 먹거리를 창출한 '제철 음식' 카테고리에 올반과 자연별곡이 들어옴으로써 계절밥상이라는 브랜드는 더욱 빛나게 되었다.

여기서 중요한 점은 소비자들로부터 내가 해당 카테고리의 대명사라는 인식을 경쟁자에게 빼앗기지만 않으면 된다. 경쟁자들과 경쟁하면 카테고리가 커지고 수요가 환기된다. 대표 CEP로 포지셔닝하고 있는 한 내가 누릴 수 있는 지위와 이를 통한 매출 향상을 지속적으로 즐기면 된다.

두 번째 퀴즈를 풀어보자.

> **Q.** 대기업이 광고에 유명 연예인을 서너 명 이상 총동원시켜 고가의
> 광고를 계속 보내는 이유는 뭘까?

'기업과 제품에 대한 긍정적인 이미지를 제고하고 브랜드 신뢰
도를 높여 제품 구매로 이어지기 위함이다.'라고 생각했다면 50점
이다. 여기서 포인트는 동일 브랜드에 한 명을 반복해서 광고하는
것이 아닌 여러 명의 연예인을 동원해서 광고하는 이유를 알아야
한다. 이병헌, 차태현, 아이유, 한효주, 이정재는 자신만의 매력과 이
미지, 즉 그들만의 독특한 카테고리를 지니고 있다. 잘 나가는 기업
의 광고는 제품과 연예인의 CEP와의 연결에 주목한다. 연예인의 개
별 CEP와 제품과의 연결을 통해 소비자의 머릿속 또는 경쟁자의 기
존 제품으로 연결돼 있던 CEP를 넓히는 것이다.

CEP를 넓히면 그만큼 새로운 고객과 시장이 확장된다. '스팀과
살균'이라는 CEP로 스팀청소기를 출시하여 성공한 한경희생활과
학은 스팀청소기의 확장 제품인 멀티스팀청소기와 스팀진공청소기,
스팀다리미로 브랜드 영역을 확장했다. 175년이 넘은 미국 소비재
기업인 암앤해머Arm & Hammer는 빵을 만들 때 '첨가제'로만 사용하던
베이킹파우더를 가정의 냉장고 냄새를 제거하는 '탈취제'라는 새로
운 카테고리로 확장해 성공했다.

브랜드의 카테고리와 확장 제품의 카테고리가 유사하다고 인식될수록 브랜드 확장이 수월해진다. '깨끗한 빨래 및 세척'을 핵심 카테고리로 정한 표백제 브랜드인 '옥시'는 동일한 카테고리로 세탁 세제 옥시크린과 주방 세척제 옥시싹싹 등으로 브랜드를 확장하는 데 성공했다. 하지만 브랜드가 특정 카테고리에 전형성이 높고 특정 속성에 대한 연상이 강할수록 브랜드 확장 범위는 그만큼 제한적이다. 소비자는 새로운 브랜드보다는 새로운 카테고리에 신경에 신경을 집중한다. '김치 냉장고'라는 CEP의 대명사로 전형성이 강한 딤채의 경우, 딤채라는 브랜드를 활용한 제품 확장에는 한계가 있다. 딤채는 김치 냉장고에 기존 냉장고의 냉장실, 와인 냉장고 기능이 복합화된 제품으로 확장을 했지만 제한적으로 브랜드를 확장할 수밖에 없다. '화학조미료'로 CEP의 전형성이 강했던 미원 역시 다른 카테고리로의 확장이 어렵다. 한경희생활과학은 '스팀과 살균'이라는 CEP로 스팀 청소기, 스팀 다리미 분야에는 성공했지만 카테고리의 유사성과 일관성을 무시하고 피부와 미용, 건강식 제조, 에어 프라이어, 주방용품 등으로 브랜드를 확장하면서 기업 회생절차에 들어갔다.

그렇다면 '구두약'이라는 전형성이 강한 CEP를 가진 말표는 어떻게 해서 말표 흑맥주를 성공시켰을까? 기존 CEP와 유사성이 낮아도 브랜드와 소비자 간의 관계 강도가 강할수록 확장된 브랜드를 '긍정적'으로 평가하는 경향이 강하다. 말표는 1990년에 등록된 후 현재까지 권리를 유지하고 있는 장수 상표다. 우리에게 익숙한 장수

상표는 소비자들의 감성을 자극해 기존에 전형성이 강한 CEP를 약화시킨다. 이색 협업 상품은 복고 열풍에 힘입어 시장에서 화제를 불러 일으키는 효과로 나타난다. 소위 '하얀 난닝구'로 대표되는 75년 전통의 BYC가 백양BYC 라거 맥주를 출시하여 MZ세대의 인기를 모은 것도 같은 효과다.

말표 맥주는 하마터면 빛을 보지 못할 뻔했다. 글로벌 시대에 맞춰 사명을 MP 산업, 마스^{Mars} 등으로 바꾸려고 했기 때문이다. 만약 브랜드를 바꿨다면 지금의 말표만큼 사랑을 받지 못했을 거다. 역사가 오래된 기업만이 간직한 헤리티지가 가치가 있다는 얘기다.

시장이 변하더라도 브랜드는 절대 바꾸지 말아야 한다. 장기간에 걸쳐 구축된 브랜드는 소비자의 뇌 속에 특정한 위치를 지속적으로 점유한다. 소비자들에게 익숙한 장수 브랜드는 소비자의 호기심을 자극하고 쉽게 자극 오래 기억될 수 있는 특성이 있다. 이것은 정말 막대한 자산이다. 그런데 브랜드를 바꾼다는 것은 소비자의 뇌 속에 점유해 놓았던 추억과 향수, 경험 등을 스스로 포기하는 행위다.

카테고리 라이프 사이클 관리 방법

처음 시장에 진입하는 도입기에는 브랜드와 연관하여 제품의 새로운 카테고리를 먼저 창출해야 한다. 제품 지도를 펼쳐 놓고 영역을 세분화하거나 융합하여 하나 또는 그 이상의 가치를 창출할 수 있는 새로운 카테고리를 창조해야 한다. 자동차의 경우 예전에는 대형차, 중형차, 소형차로 구분되었다. 하지만 시간이 지남에 따라 그 영역은 점점 세분화되어 스포츠카, 4륜 구동 자동차, 왜건, SUV, RV, 미니밴, 전기차, 수소차 등 종류도 다양해졌다. 그런데 전형적으로 분류된 제품 지도에서 완전히 새로운 카테고리를 창출하기는 어렵다. 감자 스낵의 경우 '짭짤한 감자칩'이라는 카테고리로 농심의 '수미칩'과 오리온의 '오감자'가 시장을 지배하고 있었다. 해태제과는 "왜 감자칩은 짠맛만 있지?"라는 발상으로 관점을 전환하여 당시 시장조사와 제품 지도에서도 드러나지 않았던 '달콤한 감자칩'이라는 새로운 카테고리로 허니버터칩을 개발해서 성공했다.[57] 새로운 카테고리를 선점하면 소비자들은 그 기업의 차별성을 강하게 인식한다. 최초의 제품이 오리지널이며 그 나머지는 미투 제품이라고 생각한다. 프랑스 생수 업체 에비앙이 2,000만 달러를 들여가며 일반적인 물이 아닌 치료 효과가 있는 '카샤의 물Source Cachat'이라는 카테고리를 만들어 끊임없이 광고하는 것도 이 때문이다.

이후 새로운 카테고리가 탄생했다면 그 카테고리와 연계된 브랜드를 홍보하기보다는 새 카테고리를 홍보해야 한다. 고객이 관심 갖는 것은 새로운 브랜드가 아니라 새 카테고리다. 소비자와 언론은 새로운 것을 찾아 말하고 싶은 성향이 강하기 때문이다. 새로운 카테고리는 뉴스거리를 만들고 그 뉴스거리는 신뢰감을 형성한다. 카테고리가 승리하면 브랜드도 자연스럽게 승리하게 된다.

도입기를 지나 성장기가 되면 동일 제품의 카테고리에 다수의 브랜드가 진입한다. 후발 진입자는 제품 카테고리 욕구를 충족시키면서 선발 진입자와 차별화를 시도한다. 이때 선발 진입자는 카테고리의 정통성을 제공하고 카테고리의 신뢰성을 창출하여 원조 브랜드로의 존재를 더욱 강화해 나가야 한다. 124년 전통의 부채표 활명수는 그 오랜 역사만큼 경쟁 제품도 많이 등장했다. 1910년대에도 활명회생수, 활명액, 생명수 등 60여 종의 유사 제품이 난립했으며, 1990년대까지도 활명수의 유명세를 등에 업고 유사품들이 우후죽순 생겨났다. 이때 활명수는 1897년의 역사와 전통을 강조했고 "부채표가 없는 것은 활명수가 아닙니다."는 카테고리로 차별화에 나서며 소비자의 신뢰를 강화함과 동시에 소화제의 대표 브랜드로 입지를 더욱 확고히 했다. 특정 카테고리가 언급되었을 때 선발 진입자의 브랜드가 소비자의 선택을 지배할 만큼의 강한 연계성을 갖게 된다면 후발 진입자가 어떠한 차별화를 시도하더라도 소비자들은 결국 방어적인 자세를 취하게 될 것이다.

성숙기에 이르게 되면 카테고리가 약화되거나 시장의 정체 내지 쇠퇴 단계로 접어들게 된다. 이러한 변화는 19세기 이후 산업화와 사회의 급진적 발달에 의해 미술의 변천사가 인상파 이후 야수파, 입체파, 표현주의, 다다이즘, 추상 표현주의 등으로 변화되는 것처럼 당연한 현상이다. 옳고 그름을 떠나 기존의 기법이나 관점과는 다른 시도를 하게 된다.

비즈니스도 세계에서도 마찬가지다. 소비 트렌드와 고객의 욕구는 시대에 따라 변화되기 마련이다. 세상의 모든 카테고리 또한 분화에 의해 재탄생된다. 1960년대 초반 활명수의 기세는 눈부셨다. 하지만 활명수가 인기를 끌자 삼성제약이 활명수와 유사한 액체 소화제에 탄산가스를 주입해 청량감을 높인 '까스명수'를 선보이며 활명수를 위협하기 시작했다. 소비자들은 당시 콜라와 사이다 등 탄산음료의 트렌드를 타고 액체 소화제에 탄산가스를 넣은 까스명수에 반응하기 시작했다. 그러나 당시 70년의 전통 활명수에 대한 자부심이 넘쳤던 동화약품은 과거의 유사 제품들이 그러했던 까스명수도 반짝인기에 그칠 것이라고 생각했다. 무엇보다 소화제 분야에 선도적 CEP를 점령하고 있는 동화약품 입장에서 후발제품을 모방한다는 것은 결국 그 제품의 우수성을 인정하는 셈이 되기 때문에 활명수에 탄산을 집어넣기를 주저했다. 결국 동화약품은 더 이상 늦출 수가 없다는 판단을 하고 '까스활명수'를 출시하면서 탄산 소화제 시장에 진출하였다. 오랜 역사와 전통적인 카테고리를 지배하고 있는 까스활명수는 시장 점유율에서 까스명수를 압도적으로 누르고 시장 리더 자리를 되찾게 되었다.[58]

이런 맥락에서 보면 카테고리는 '명사'가 아니라 '동사'다. 성숙기 단계에서는 카테고리들의 분화에 의해 새로운 카테고리를 창출할 기회를 찾아내야 한다. 선도자가 시장의 지배권을 유지할 수 있는 방법은 변화되는 트렌드의 각 영역에 대해 다른 카테고리 이름으로 브랜드를 내미는 것이다. 나뭇가지가 새로 돋아나듯이, 카테고리 역시 새로이 분화하여 또 하나의 새로운 카테고리를 만들어 원조 브랜드의 입지를 구축한다.

'될 성부른 나무는 떡잎부터 알아 본다'는 속담처럼, 새 브랜드의 성공은 새 카테고리의 창조에서 나온다. 카테고리의 대명사가 되면 후발 상품 대비 100배의 우세를 보인다. 즉 해당 분야의 카테고리 개척자는 발매 개수를 기준으로 10년 이상 시장 점유율 1위를 유지할 확률은 53.8퍼센트이며, 후발 진입자가 시장 점유율 1위를 차지할 확률은 0.5퍼센트로, 전자는 후자의 100배에 달한다는 이야기다.[59] 기적 같은 비즈니스를 원한다면 새로운 카테고리를 창조하라.

(Point)

브랜드를 성공시키고 싶다면 브랜드를 지향하는 전통적 규칙을 파괴하고 신규 카테고리를 창출하는 데 집중하라. 그리고 카테고리(CEP)의 대명사가 되어 경쟁자들이 해당 카테고리에 들어오도록 유도하여 시장의 파이를 키워라.

정규직의 종말

지금으로부터 85년 전인 1937년 노벨경제학상 수상자인 로날드 코즈Ronald Coase는《기업의 본질The Nature of the Firm》에서 기업은 '거래비용 감소를 위한 조직'으로, 디지털화는 기업 거래비용 감소의 기회가 될 것이며 미래에는 고유 인력을 보유한 거대 기업이 불필요할 것이라고 예측했다.[60] 오늘날 그의 예측은 정확하게 맞아떨어졌다. 직장에 대한 충성도가 약해지고 재직 기간이 짧거나 정해진 전문직이 늘어나고, 구조 조정이 빈번해지고, 예비 창업자들이 늘어나고, 제작자 겸 음악가 겸 디자이너처럼 여러 일을 하는 사람들이 늘어나는 세상으로 변화되었다. 2021년 기준 미국에는 노동력의 52퍼센트가 이러한 인적 자원으로 구성되었다. 글로벌 컨설팅 기업인 PwC에 따르면 1만 명이 넘는 미국인, 영국인, 중국인, 독일인, 인도인을 조사한 결과 '미래는 안정적이고 장기적인 고용 계약을 맺는 사람이 거의 없을 것이다'라고 예측한 비율이 60퍼센트에 달했다.

　로날드 코즈의 예측은 오늘날 '공유 경제sharing economy'와 수요 중심의 경제인 '온디맨드 경제on-demand economy'를 앞세워 '긱 경제gig economy'를 양산했다. 대표적 공유 경제 기업인 우버Uber와 에어비앤비Airbnb는 각각 운수 서비스와 숙박 서비스를 제공하나, 기업 내부에 서비스 제공을 위한 고유 인력을 보유하고 있지 않다. 고용주가 필요에 따라 사람을 구해 단기로 계약을 맺고 일회성의 일을 맡기는 형태로 전환되었다. 근로자는 어딘가에 소속돼 있지 않고 필요할 때만 일을 구하는데 이를 '긱 경제'라고 한다. 1920년대 미국 재즈 공연장에서 필요에 따라 즉석으로 연주자를 섭외하는 공연을 '긱gig'이라고 지칭한 데서 유래됐다. 긱 경제로 수익을 내는 사람을 긱 워커gig worker라고 하는데, 상담직, 계약직, 임시직, 프리랜서, 1인 자영업자, 부업, 디지털 노동 플랫폼digital labor platform에 소속된 기간직 근로자 등 모두가 긱 워커라 칭해진다.

　세계적인 경영 컨설팅 기업 맥킨지McKinsey에 따르면 2025년까지 긱 경제가 창출하는 부가 가치가 전 세계 국내총생산GDP의 2퍼센트에 해당하는 2조 7,000억 달러에 달할 것으로 전망하면서 약 5억 4,000만 명의 인구가 혜택을 입을 것으로 예상했다. 단기 미래는 우버, 리프트, 딜리버루와 같은 생활 밀착형 기반 서비스에서 벗어나 법률, 의료, 교육, 하이테크 등 전문산업 영역으로 확대되어 자신의 무형가치를 공급하는 긱 워커의 수가 급속도로 증가함에 따라 일하는 방식과 일의 미래가 파격적으로 변화될 것이다. 특히 코로나

19로 인한 원격근무, 자율 출퇴근과 같이 근무 형태가 다양해지면서 긱 경제가 각광받고 있다. 스탠퍼드대 경영대학원 폴 오이어Paul Oyer 교수는 "기업들은 코로나를 통해 장소에 구애받지 않고 유연한 인력을 채용하는 장점에 대해 진지하게 고민하기 시작했다. '업워크Upwork'같은 온라인 플랫폼은 이런 기업의 고용 전환을 더욱 촉진하고 있다."고 했다.

포스트 코로나 이후 긱 경제는 우리가 일하는 방식에 큰 영향을 미치고 있다. 21세기 이전 대부분의 노동자는 안정적인 직장에서 정규직으로 일했다. 한 조직에 30년 장기근속은 훈장과도 같았다. 그들이 평생 몸담은 회사는 한두 개에 불과했다. 그들은 회사가 주는 수당과 연금 덕분에 소득이 계속 오를 거라는 기대 속에서 안정적인 삶을 살았다. 그러나 지금의 노동자들은 이런 안정적인 직장 생활을 보장받지 못한다. 온갖 혜택으로 가득 찬 안정적인 정규직이 급변하는 세상으로 인해 한 세대 만에 자취를 감추게 되었다.

이러한 변화는 아이들의 꿈에도 영향을 미쳤다. 몇 년 전까지만 해도 초등학생의 꿈 1위는 공무원(정규직)이었다. 그러나 현재 다수의 초등학생들은 '유튜버(긱 워커)'가 되고 싶어 한다. 또한 아이들은 하나의 꿈(정답)을 제시하지 않고 여러 항목으로 이루어진 꿈 목록을 읊는다. 물론 아이들이 긱 경제에 대해서 명확히 인지하고 나타난 결과는 아니겠지만 자신의 주변 세상이 반영된 결과라 하겠다. 집카Zipcar 창업자인 로빈 체이스Robin Chase는 이러한 변화를 두고 다음과 같이 강조한다. "아버지는 평생 한 가지 일만 하셨다. 나는 평생 여섯 가지 일을 할 것이고, 내 자녀는 동시에 여섯 가지 일을 할 것이다."

긱 경제의 양면성

긱 워커는 정규직 일자리와 달리 고객이 제시한 기간에 완성되어야 하는 일회성 업무를 의미한다. 따라서 긱 워커는 기본급 없이 업무 건별로 수입을 얻는다. 업무나 수입 관리뿐만 아니라 관련 시장에서 발생되는 평판관리나 4대 보험, 각종 복지혜택 역시 자기 몫이다. 높은 불안정성 또한 존재한다. 이들은 '디지털 프레카리아트digital precariat'라 칭해지기도 하는데, 이는 'precarious(불안정한)'과 'proletariat(프로레타리아)'의 합성어이다. 좋은 성과를 낼 경우 자신의 시장가치를 높일 수 있으나 그렇지 못할 경우 시장에서 도태되고, 기업으로부터의 고용 안정성 보장이 부재하기 때문이다.[61]

물론 긱 경제의 영향에 대해 비관적 견해와 낙관적 견해가 동시에 존재한다. 전통적으로 풀타임 일자리에서 반복된 삶에 지친 이들에게 긱 경제가 대안이 될 수 있다. '소득 창출의 벽'이 낮기에, 비경제활동인구를 노동시장으로 유입시킬 수 있다.[62] 또한, 실업 또는 불완전 고용 상태에 있는 전문직 종사자가 자신의 경력을 계속 발전시켜 갈 수 있으며, 다양한 전문가들이 특정 목적에 맞추어 단기간 협업이 용이해진다.

 무엇보다 긱 경제의 가장 근본적인 장점은 근무의 유연성이다. 원하는 시간과 장소에서 일할 수 있다는 개념은 다른 우선순위와 타협하지 않고도 자신의 기술을 활용해 얼마든지 수입을 거둘 수 있다. 또한 긱 경제는 고용주에 묶여 일하는 융통성 없는 업무 구조에 대한 노동자들의 불만을 해소해주기도 한다. 2014년 갤럽 설문 조사에 의하면 자신의 일에 열정을 느끼는 직장인이 3분의 1도 안 된다고 한다. 반면 독립적으로 일하는 긱 워커는 자신의 일에 대해 높은 만족도를 보였다. 그들은 독자적인 업무방식을 통해 얻어낸 자율성, 유연성, 주도권을 소중히 여긴다.[63]

 긱 경제의 성장을 이끄는 경영 환경에는 두 가지 속성이 있다. 바로 '정규직이 사라지고 있는 것'과 '기업이 정규직을 꺼리는 것'이다. 2019년 통계청이 발표한 '경제활동인구 근로 형태별 조사'에 따르면 비정규직 근로자는 지난해보다 86만 7,000명 증가한 748만 1,000명으로 전체 근로자의 36.4퍼센트를 차지했다. 비정규직 비중이 35퍼센트를 넘어선 건 통계가 시작된 이후 10년 만에 처음이다. 반면 정규직은 35만 3,000명 줄어들었다. 세계 최대 금융 소프트웨어 기업인 인튜이트Intuit의 2020 리포트에 따르면 대기업의 80퍼센트 이상이 긱 워커의 고용을 상당 수준 늘렸다. 아마존의 긱 워커 수는 정규직 직원의 3분의 2에 이른다. 글로벌 경영 컨설팅 회사인 액센추어Accenture는 '긱 워커로 일하는 것이 바로 미래'라고 강조한다. 향후 8년 이내로 글로벌 2000대 기업 중 경영진(CEO, CFO, COO, CIO)을 제외하고는 정규직 직원이 단 한 명도 없는 회사도 등장할 것으로 예측했다.[64] 한층 더 나아가 2020년 11월 세계경제포럼은 '변화의 선구자들'이라는 발표문에서 "앞으로 당신 회사의 임원이 긱 워커가 되지 말란 법도 없다."고 전망했다. 앞으로 기업들은 긱 워커에 대한 공격적인 투자를 아끼지 않을 것이다.

이러한 긱 경제의 활성화에 대해 구직자들은 어떻게 생각할까? 아무래도 정규직이 사라지면 고용이 불안정하니 반감이 심할 것이라고 판단했다면 당신은 '요즘 사람'이 아니다. 2021년 취업포털 잡코리아와 알바몬이 20~30대 구직자 1,674명을 대상으로 조사한 결과, 절반에 가까운 46퍼센트가 '긱 경제에 대해 긍정적'이라고 응답했다. 부정적으로 생각하는 구직자는 14.3퍼센트에 불과했다. 긍정적이라고 응답한 구직자는 원하는 기간에 비교적 자유롭게 여러 일을 해볼 수 있는 N잡(2개 이상의 직업) 트렌드의 확산에 큰 의미를 부여했다. 실제 20~30대 구직자 10명 중 6명 이상은 정규직이 아닌 긱 워커로 일할 의향이 있는 것으로 나타났다. 반면, 노동 시장이 직업 중심에서 일 중심으로 바뀌면서 한 조직에서 40년 동안 일만 한 뒤 은퇴하는 삶은 더 이상 합리적이지 않다고 생각한다.

긱 경제 대응 전략

급속도로 늘어나는 긱 경제 체제에서 어떻게 노동자를 관리하느냐에 따라 미래는 달라진다. 만약 당신의 회사에 긱 워커 노동자 비율이 많다면 전통적인 인사 관리 방법은 낡아 보인다. 정규직 중심의 전통적이고 표준적인 인사고과와 업무수행 관리 체계는 분산된 대규모 긱 경제 집단에는 적합하지 않다. 긱 경제 체제에 대응하기 위한 네 가지 전략을 살펴보자.

가까운 미래에는 유연한 노동력을 확보하는 것이 뉴 노멀New Normal이 될 것이다. 전통적인 방법으로는 4차 산업혁명의 거대한 파도에 대응할 수 없다. 글로벌 혁신기업들은 유연한 노동력을 활용해야 미래의 경쟁 우위를 선점할 가능성이 높다는 사실을 명확히 인지하고 있다. 앞으로 구인·구직 플랫폼을 통해 한 번의 클릭으로 조직의 중요한 프로젝트를 담당할 팀 전체를 구성하는 것이 일반화될 것이다. 정상급 긱 워커를 고용하는 경쟁이 치열해질 것이며, 자본을 쥐고 있는 글로벌 혁신기업은 창의적인 긱 워커들과 함께 일할 기회를 늘리기 위해 더 많은 금전적 혜택, 보호, 권리를 포함한 각종 지원을 아끼지 않을 것이다.

급여 지급 방식의 변화도 하나의 예가 되겠다. 플랫폼 기업 중심으로 긱 경제가 확산되면서 전통적 개념의 기업 봉급체계가 무너지고 근로자들이 벌어들인 소득을 바로 현금으로 지급하는 '인스턴트instant 급여' 방식이 확산되고 있다. 인스턴트 급여는 근로자가 번 소득을 바로 현금으로 지급하는 방식을 말한다. 미국의 차량 공유 서비스 업체 우버, 리프트에 고용된 운전자들은 급여 체계에서 일반적인 월 또는 주 단위의 봉급을 기다리지 않고 그날그날 현금으로 지급받는다. 리프트는 2015년 11월부터 이 방식을 도입하여 전체 운전자 중 3분의 1 이상이 일ᴴ 지급식을 적용하고 있다. 우리나라의 카카오택시, 청소연구소, 배민라이더스도 인스턴트 급여 방식을 적용하고 있다. NYT는 "성장 속도가 빨라 임시직 등의 직원 채용 규모를 늘리고 있는 스타트업 등에서 인스턴트 급여 방식이 퍼지고 있다."며 "공장, 병원, 콜센터 등 유연한 시간제 근로자에게도 적합한 방식"이라고 진단했다. 따라서 긱 경제 체제에 대응하기 위한 첫 번째 대응전략은 유연하게 일할 수 있는 근로 환경 개선과 근로자에 대한 투자를 아끼지 말아야 한다. 이러한 급격한 변화의 물결이 지금은 혼란을 야기할 수 있으나 곧 결과 지향적이고 역동적인 조직 문화로 탈바꿈할 것이다.

직무를 책이라고 가정해보자. 전통적인 직무는 처음부터 끝까지 하나의 스토리로 구성된 단편소설이라고 볼 수 있다면, 미래의 직무 메커니즘은 여러 개의 스토리가 빠르게 전개되는 장편소설이다. 직무의 전통적 개념이 무너지고 있다. 만약 당신의 기업이 정규직만 장기간 고용하는 것을 선호한다면 일을 단 한 가지 방법으로만 처리하며 단편소설을 쓰는 것과 같다. 미래의 기업들은 업무를 프로젝트 단위로 세분화해 각 프로젝트에 가장 적합한 긱 워커와 단기 계약을 맺고 일을 맡길 것이다. 이러한 방향성은 직원의 근면·성실보다 전문성을 바탕으로 실질적인 성과를 도출하는 것에 초점을 맞춘다. 따라서 긱 경제 체제에 대응하기 위한 두 번째 전략은 긱 워커와 사내 정규직원 간의 업무를 어떻게 효율적으로 배분하고 협업하게 할 것인지 메커니즘을 정립해야 한다. 예를 들어 긱 워커는 더 많은 시간 또는 선호하는 시간에 대한 접근 동기를 부여하기 때문에 교육에 더 어렵고, 정규직원과 동일한 수준의 충성도를 가질 가능성이 낮다. 아직까지 긱 워커는 플랫폼에 올라오는 일을 대신 해주는 '얼굴 없는 근로자'라는 인식이 강하지만 긱 워커가 시장에서 본격적으로 활용되면 복잡한 업무를 사내 정규직과 조율해야 하는 경우가 비일비재하게 나타날 것이다. 이러한 변화에 맞춰 긱 워커가 정규직원과 회사의 전략 수립에 신속하게 동화할 수 있도록 조직 문화, 프로젝트 특성 등을 소개하는 온·오프 보딩 프로그램을 구현해 놓는 것도 도움이 된다. 다음 표는 긱 경제 도입의 이점과 활용 방안이다.

다음 표에서 보듯 긱 경제는 양면성이 있지만 기업의 입장에서는 쉽게 전 세계의 전문가를 찾을 수 있고, 활용할 수 있는 인적 자원의 풀이 넓어지기에, 해외 진출이 용이해지고 기업의 파괴적 혁신을 증진시킬 수 있다.[65] 또한 저임금 노동자를 찾는 노력이나 특정 기술에 대한 수급 불균형 완화가 가능하고, 노동생산성을 증대할 수 있는 등 여러 이점이 존재한다. 그런데 왜 정부는 긱 경제 활성화에 소극적일까? 오히려 주 52시간 근무제, 고용장려금 등 정규직의 노동 권익만을 강화하는 이유는 뭘까? 독립적으로 일하는 긱 워커가 늘어날수록 세수가 줄어들기 때문이다. 세금을 징수하는 정부는 정규직원이 많을수록 유리하다. 반면 정규직원들이 긱 워커가 되면 세금 보고율과 납세율은 절반 이하로 떨어진다. 따라서 긱 경제 체제에 대응하기 위해서는 정부의 역할을 크게 기대하지 말아야 한다. 기업은 실질적으로 필요한 일을 제안하고, 긱 워커는 업무와 수입

긱 경제의 이점	활용 방안
낭비되는 시간을 줄임	정규직은 회의에서 자신의 견해를 드러내기보다 경영진의 목소리와 지시에만 귀를 기울인다. 긱 워커는 이런 형식적인 절차에 시간을 할애할 필요가 없고, 대신 구체적인 프로젝트 결과물에 집중하고 실행할 수 있다.
가짜 일을 줄이고 신속한 업무 처리 가능	정규직은 때로 작업량을 줄이기 위해 느리게 업무를 처리하거나 프로젝트 타임라인을 끌어내는 비합리적인 행동을 보인다. 또한 경영진이나 관리자에게 바쁘게 보이도록 가짜 일을 한다. 반면 긱 워커와 함께 업무를 수행하면 가짜 일을 줄이고 보다 짧은 시간에 업무를 수행할 가능성이 높아진다.
임금 격차 해소 및 글로벌 인재 활용	긱 경제는 성별 임금 격차 해소에 기여할 수 있다. 기업이 긱 워커를 이용하면 성별에 관계없이 전 세계에서 자신의 가격대에 맞는 최고의 인재를 선택·활용할 수 있다.
다양성 증가와 창의적 문제 해결	긱 경제는 프로젝트에 접근하는 사고의 다양성, 인종의 다양성을 추구한다. 정규직과 긱 워커 간의 아이디어의 융합 및 확장으로 창의적인 솔루션을 도출할 수 있다. 또한 내부적으로 연구·개발하는데 소요되는 시간과 돈을 투자하는 대신 긱 워커를 활용하면 단기간에 훨씬 더 구체적이고 전문화된 기술을 활용할 수 있다.
혁신의 증가	많은 조직은 매번 같은 방식으로 업무를 처리하면서 틀에 박힌 사고에 빠져 있다. 그러나 긱 워커를 활용하면 프로젝트에 새로운 관점을 제공하고 다양한 조직에서 수행되는 방식을 유입 및 적용할 수 있다.
팀워크 향상	정규직과 긱 워커 간 협력을 통해 조직 내 팀워크 향상을 도모할 수 있다. 보다 고객의 요구에 민감하게 반응하게 되고, 직원 간 상호작용에 실질적인 행동 양식을 제공한다.

| 긱 경제 도입의 이점과 활용 방안 |

대한 선호도를 바탕으로 노동을 제공하게 될 것이다. 기업이 성과에 기반한 합리적인 보수를 지급할 수 있게 되면 정부의 개입이 없어도 더욱 유동적이고 효율적인 노동시장이 탄생할 것이다.

미래의 성공은 긱 경제의 파고를 받아들이고 활용하는 능력에 달려 있으며, 정규직과 긱 워커 모두에게 다양한 권한과 혜택, 이익을 주는 경영자들만이 보다 창의적인 긱 워커와 함께 일하게 될 것이다.

Point •

정규직이 사라지고 긱 워크가 늘어나고 있다. 하지만 지금의 전통적이고 표준적인 인사 고과와 업무 수행 관리 체계로는 효율적으로 긱 경제에 대응할 수 없다. 미래의 성공은 긱 경제의 파고를 받아들이고 활용하는 능력에 달려 있다고 해도 과언이 아니다.

MZ세대가 타는 버스,
메타버스에 올라라!

코로나19로 비대면 소통이 강화되면서 가상 세계, 초월을 뜻하는 메타Meta와 세상과 우주를 의미하는 유니버스Universe의 합성어인 '메타버스Metaverse'가 산업계의 가장 '뜨거운 감자'로 부상하고 있다. 글로벌 최대 메타버스 서비스인 로블록스Roblox의 조사에 따르면 2021년 1분기 일일 활성 이용자DAU 수가 4,210만 명으로 집계되었고, 이들이 플랫폼에 머문 시간은 무려 98억 시간에 달하는 것으로 나타났다. 현실에서 친구나 가족과 보내는 시간보다 가상 공간에서 보내는 시간이 더 많다는 의미다. 특히 Z세대는 유튜브보다 2.5배 많은 시간을 메타버스에서 보내고 있다. 미래학자인 로저 제임스 해밀턴Roger James Hamilton은 "2024년에 우리는 현재의 2D 인터넷 세상보다 3D 가상 세계에서 더 많은 시간을 보낼 것"으로 예측했다.

가상·증강현실 기술의 발달로 메타버스는 4차 산업혁명 시대를 주도할 새로운 패러다임으로 떠오르면서 사회·경제적 활동이 게임을 넘어 음악, 엔터테인먼트, 콘텐츠 산업, 교육 분야, 제조 현장 등 전 분야를 중심으로 확산되고 있다. 미국 대통령 선거 때 조 바이든은 닌텐도 '동물의 숲' 가상 현실 안에서 선거 캠페인을 했고, 케이팝의 아이콘인 그룹 BTS 역시 2020년 9월 노래 '다이너마이트'의 안무 버전 뮤직비디오를 포트나이트에 최초 공개하며 쇼케이스를 진행하기도 했다.

특히 은행권은 메타버스가 고객 소통은 물론 20~30대 MZ세대를 공략하고 인터넷뱅킹을 대체할 새로운 가상 창구로까지 활용될 수 있을 것으로 기대하며 메타버스 도입에 적극적이다. 신한은행은 우리나라 최초로 금융권 가상 영업점 'VR 웰스라운지'를 오픈했다. VR 웰스라운지는 휴대폰 화면에 VR과 AR을 결합해 만들어진 가상 은행 영업점이다. KB국민은행은 보다 공격적으로 메타버스 도입에 나서는 분위기다. 온라인 오피스 가상 공간인 '게더타운gather town' 플랫폼에서 메타버스를 활용해 금융·비즈니스센터, 재택 센터, 놀이 공원 등 모두 세 개 공간으로 꾸며진 가상 영업점 'KB금융타운'을 운영하고 있다. 우리은행은 메타버스에서 타고 만나는 'WOORI-MZ'라는 주제로 은행장이 직접 자신의 캐릭터를 만들어 직원들과 소통하고 있다. 하나은행도 메타버스 플랫폼 '제페토'를 활용해 가상세계에 '하나 글로벌 캠퍼스'를 구축하여 메타버스 연수원 그랜드 오프닝 행사를 열고, 신입 행원을 위한 멘토링 프로그램 운영하고 있다. 대형 은행뿐 아니라 지방 은행에서도 메타버스 활용은 대세가 되고 있다. DGB 대구은행은 대구 수성동 본점을 본뜬 가상 공간을 메타버스로 구현해, 임직원의 디지털 경험 확대에 힘을 쏟고 있다. 은행권이 메타버스를 도입하는 이유는 디지털 전환에 따라 보수적인 이미지를 벗고, 이를 주로 활용하는 MZ세대를 유입하고 그들과 소통을 강화하려는 시도로 분석된다.

MZ세대를 대표하는 메타버스

흔히 MZ세대를 가리켜 '다양성'과 '포용성'으로 상징되는 세대라고 말한다. 그들은 자신의 다양성과 포용성을 표출하기 위해 새로운 것을 창조하고, 새로운 공간을 찾는 것을 좋아한다. 그런데 현실 공간의 생활 자체만으로는 그 다양성과 포용성을 다 보여주기에 한계가 있다. 인간이 갖고 있는 욕망은 무한한데 반면 지구의 자원은 언제나 희소하다. 더구나 코로나19로 인해 인간의 욕구가 강제로 억압되었고 쓸 수 있던 자원마저 활용하지 못하게 돼버렸다. 무엇보다 새로운 사람이나 새로운 공간에서 만나고 싶은 욕구, 성취하고자 하는 욕구, 집에만 있으면서 생기는 불안감으로 인해 '균형의 욕구'가 위축되었고, 이로 인한 갈증이 폭발해 메타버스로 향한 이들의 이주 속도가 빨라졌다. 새로운 공간을 찾을 수밖에 없는 한계에 직면하게 된 것이다. 비단 MZ세대뿐 아니라 사람들은 자신의 다양성과 포용성을 표출하기 위한 새로운 공간을 찾게 되면서 메타버스를 그 대표적인 대안으로 받아들이고 있다.

2020년 4월 미국의 인기 래퍼 트래비스 스콧이 세계적인 게임 플랫폼 '포트나이트'의 가상 공연장에서 자신의 아바타로 라이브 공연을 했다. 이때 참석한 사람은 몇 명 정도일까? 참고로 나훈아 콘서트가 서울, 대구, 부산 각 3회 공연으로 총 9회 진행되며, 총 좌석 수 3만 1,500석을 채웠다. 당시 스콧은 3일간 다섯 차례 공연을 했는데 아바타의 얼굴을 하고 가상의 공연장에 들어온 관객 수는 2,770만 명이었다. 잠실 주경기장의 수용인원(10만 명)에 약 270배에 달하는 수준이다. 현실에서는 불가능한 일이 메타버스에서는 가능하다.

미국 Z세대의 경우 로블록스라는 게임을 어디에서나 즐긴다. 기성세대는 레고를 혼자 주어진 환경에서만 즐겼지만, 로블록스는 온라인 세상에서 내가 나만의 놀 수 있는 세상을 레고 블록 쌓듯이 구성해놓고 그곳에서 전 세계의 다양한 친구들을 만난다. 그들에게 메타버스는 새로운 혁신적인 개념이 아니라 가장 재미있게 놀 수 있는 놀이 수단이다. 미래학자 알렌 케이^{Alan Kay}가 말하길 "지금 우리가 컴퓨터, 핸드폰, 활자의 발견을 그저 물건으로 사용하고 있듯 미래의 우리 아이 세대들에게도 메타버스는 그저 하나의 'This'가 될 것이다." 분명한 것은 우리 다음의 세대는 메타버스가 곧 유니버스가 될 것이다.

메타버스는 MZ세대의 개별 상황에 맞게 다른 사람으로 변신하여 다양한 정체성을 표현하는 '부캐(부캐릭터) 열풍'의 기반으로 작용한다. 유야호, 유산슬, 유두래곤, 유고스타 각기 다른 이름이지만 이 이름들은 모두 국민 MC 유재석의 부캐들을 지칭한다. MBC 예능 프로그램 〈놀면 뭐하니?〉는 다양한 캐릭터를 창조해내며 부캐 열풍을 일으켰다. 부캐릭터는 주 정체성과는 다른 또 다른 캐릭터를 말할 때 쓰는 단어다. 온라인이나 SNS를 통해 또 다른 자아를 만들어 내는 데 익숙한 MZ세대에게 메타버스는 나와 가장 닮은 부캐를 만들어 '멀티 페르소나Multi-persona'라는 다원성을 확장하는 공간이다.

메타버스 시장이 커지면서 독특한 형태의 신산업도 나타나고 있다. 가상 부동산 거래 플랫폼 '어스2Earth2'는 자신의 메타버스 안에 가상으로 만든 지구의 땅을 실제 돈을 주고받으며 거래할 수 있다. 정교한 3차원 세계 지도 위에 지표 면적을 $10m^2$ 단위 '타일'로 쪼개 파는데, 외국 유명 도시뿐 아니라 서울, 부산 등 일부 지역 부동산도 타일당 20달러 안팎에서 거래된다. 마치 가상화폐처럼 실물 없는 가상세계의 땅이 현실 세계에 투자 가치를 인정받는 것이다.[66] 어스2는 세 가지 단계로 사업 방향을 제시했는데 현재는 단순히 땅 소유권을 사고파는 1단계다. 이후 자원을 채취하고 아바타를 적용하는 2단계, 건물을 짓고 VR 등 본격적인 메타버스를 구축하는 3단계. 3단계는 아직 계획만 밝힌 상태지만 벌써부터 관광 명소나 숲, 유전 등 자원이 나오는 곳으로 구매가 쏠리고 있다. 주요 랜드마크 선점 경쟁이 벌어지기도 한다. 독도가 있는 동해상에서 한국인 유저가 '독도 ♡ KOREA' 모양으로 타일을 구매하자 일본 유저가 글씨 모양이 잘 보이지 않도록 훼방 구매를 하거나 취소를 뜻하는 삭제선

('─')을 긋는 등 가상 영유권 신경전이 일기도 했다.[67] 러시아의 세계적인 대문호이자 사상가인 레프 톨스토이의 대표적 단편집의 하나인《사람에게는 얼마만큼의 땅이 필요한가?》라는 소설에서 사람의 욕망에 관해 묻는다. 주인공 바흠은 '나도 저 사람들처럼 땅을 살 수만 있다면 지금보다 한결 형편이 나아질 텐데……'라고 믿으며, 더 많은 땅을 가지려고 욕심을 부린다. 하지만 결국 그가 가진 땅은 자신이 묻힌 2미터의 구덩이에 불과했다. 현실의 삶에 소유의 욕망 실현이 막히면서 메타버스로 옮겨가고 있다.

그렇다면 기업은 산업계의 가장 '뜨거운 감자'인 메타버스를 어떻게 활용할 수 있을까? 2019년 혼합 현실 기술을 기반으로 한 '홀로렌즈 2$^{HoloLens\ 2}$'를 출시한 마이크로소프트는 B2B시장에 집중하고 있다. 혼합 현실은 현실 세계와 가상 세계를 융합한 기술인데 홀로렌즈2를 활용하면 원격 지원으로 멀리 떨어져 있어도 협업이 가능하며 교육 및 과제 지침을 3D 홀로그램으로 제공함으로써 직원이 새로운 기술을 더 빨리 습득하게 돕는다. 또한 디지털 정보를 물리적 현실 위에 구현해 실제 모델 구축 전 제품 설계나 객실 배치를 시뮬레이션해 볼 수 있을 뿐만 아니라 작업환경에서 얻은 인사이트를 바로 적용함으로써 온택트 협업 효율을 높일 수 있다.[68] 마이크로소프트에 따르면 혼합 현실을 통해 가이드와 데이터를 제공함으로써 생산성은 25퍼센트 향상되고 오류는 전무한 것으로 나타났다. 이 기술이 일반화되면 원전 사고와 같은 중대 사고에 다양하게 활용될 수 있을 것이다.

글로벌 석유 기업 쉐브론Chevron은 홀로렌즈와 다이나믹스 365 리모트 어시스트를 통해 대면 접촉을 없애고 버튼 하나로 매뉴얼, 도면 등 데이터를 공유하는 등 효율적인 비대면 협업 기반을 마련했다. 예를 들어 재택근무 중인 전문가의 컴퓨터 모니터를 통해 홀로렌즈를 착용중인 현장 직원의 상황을 공유하면, 전문가가 직원에게 단계별 안내를 제공해 문제를 해결했다. 또한 직원들은 잠재적 문제를 신속하게 파악하고 해결을 위한 데이터시트, 배관 및 계측 다이어그램 등 문서를 현장에서 바로 확인할 수 있었다. 세계 최대의 항공기 제조업체인 보잉Boeing의 경우 종업원들에게 조립 공정의 복잡한 과정을 증강 현실 기술을 활용해 훈련시킨 결과 조립 생산성을 높일 수 있었다. 특히 증강 현실 기술은 머리 착용 디스플레이HMD나 구글 글래스 같은 새로운 하드웨어 기기 없이 스마트폰을 통해서 얼마든지 구현할 수 있다.

국내에서 가장 핫한 직방은 대부분 직원들이 오프라인 본사에 출근하지 않는다. 대신 아바타를 이용한 메타버스 플랫폼인 '메타폴리스'로 원격 출근한다. 도입 당시 우려하는 사람이 많았지만 오히려 생산성과 업무 효율성이 올라갔다. 무엇보다 자율성을 중시하는 MZ세대의 욕구를 공략하면서 회사에 입사하고자 하는 지원자가 늘어났다. 효과성을 검증한 직방은 현실 사무실을 없애고 메타버스로만 출근하는 영구 재택근무로 전환했다. 앞으로 콩나물시루가 되어 '9 to 6'라는 표준 근로 시간을 지키며 물리적 공간으로 출퇴근하던 260년의 전통이 빠른 속도로 사라질 것이다.

메타버스는 고객에게 새로운 경험을 선사하는 마케팅 도구로도 활용할 수 있다. 이케아IKEA는 이미 2017년 증강현실 앱 '이케아 플레이스IKEA Place'를 출시했는데, 이케아 플레이스를 활용하면 소비자가 설치하고 싶은 현실 공간에 이케아에서 취급하는 가구들을 가상으로 배치해 보면서 원하는 제품을 선택하고 구매할 수 있다.

2015년 혁신의 아이콘 애플을 누르고 가장 혁신적인 기업으로 선정된 미국 온라인 안경 판매 회사인 와비파커Warby Parker도 2019년 스마트폰 앱을 출시해, 소비자의 얼굴에 회사에서 판매하는 안경을 가상으로 입혀보는 '버추얼 트라이 온Virtual try-on' 서비스를 제공했는데, 안경을 착용해볼 수 없는 온라인 판매의 단점을 증강 현실 기술을 응용해 적극 보완하고 있다.

MZ세대와 소통 방법

메타버스가 궁극적으로 지향하는 세계는 현실의 다양한 활동들이 그대로 유지되며, 사용자에게 충분한 사회적·공간적 실재감을 제공하는 환경이다. 이를 통해 나이, 성별, 직업을 가리지 않고 익명인 상태에서도 커뮤니케이션의 경계와 제약을 허물고 사람들의 이용 동기를 만족시키는 것이 핵심 서비스다. 아울러, 다중의 사용자들이 동시에 활동하는 가운데 자유로운 소통과 거래를 통한 경제적 가치도 창출한다.

그렇다면 메타버스에 가장 열광하고 있는 MZ세대와는 어떻게 소통해야 할까? 메타버스의 공간은 단순히 게임 속 가상 세계가 아닌 경험과 감정을 나눌 수 있는 공간으로 확장되어야 한다. MBC VR 휴먼 다큐멘터리 〈너를 만났다〉는 하늘나라로 먼저 떠난 딸의 모습을 구현해 엄마의 마음을 위로하고 치유하는 역할로 메타버스의 순기능을 보여줬다. 현실 세계와 가상 세계의 만남은 그리운 사람을 만날 수 있는 것을 뛰어넘어 공감과 감정까지 아우를 수 있는 세계가 될 수 있음을 보여주었다. 이에 최근 기업들 사이에는 MZ세대의 언어와 감성, 사고방식을 이해하기 위한 노력이 엿보인다. 현대오일뱅크와 교보생명은 '역멘토링' 제도를 도입하여 임원들에게 MZ세대의 문화와 감성을 배우는 기회를 제공하고 있다. SKT는 이 프랜드에 메타버스에 친숙한 MZ세대들이 본인만의 개성을 다양하게 표현할 수 있도록 아바타 종류와 감정 표현 액션도 대폭 업그레이드했다. MZ세대의 디지털 문해력을 높여 결과적으로 내부 소통과 미래 소비 시장을 공략하기 위함이다.

메타버스에서는 익명인 상태에서도 커뮤니케이션의 경계와 제약을 허물고 다양한 사람들과 자유롭게 소통한다. 이것이 메타버스의 장점이자 MZ세대의 소통법이다. 따라서 조직 내에서 MZ세대의 목소리를 적극적으로 드러내고, 이들의 창의적 사고를 반영하기 위해 MZ세대를 주축으로 한 '위원회'를 활용하는 것도 좋은 방법이다. 삼성전자는 재미보드, 크리에이티브보드 등의 이름으로 MZ세대가 주축이 되는 플랫폼을 운영하고 있고, 롯데그룹은 기업 문화 개선을 위한 주니어보드를 운영, MZ세대의 직원들을 선발해 현장의 목소리와 분위기를 대표에게 가감 없이 전달한다. LG계열사도 주니어보드(LG전자), 새도우 커미트(LG에너지솔루션), 미래구상위원회(LG CNS) 등의 위원회를 별도로 구성해 경영진에 의견을 전달하고, 이들이 제안한 아이디어가 실제 경영에 반영되기도 한다. Z세대의 43퍼센트가 선호하는 패션 기업 아메리칸이글은 Z세대에 어필할 수 있도록 2019년 2월부터 Z세대 9명으로 구성된 '아엑미AExME 위원회'를 만들어 주요 의사결정에 관여하고 있다.

마지막으로 MZ세대가 스스로 평가하고 참여해 '주인공이 될 기회'를 제공하라. MZ세대는 '이뤄 놓은 세대'가 아니라, '이뤄야 하는 세대'이기 때문에 무엇이 어떻게 변할지 모르는 불안감이 가장 큰 세대다. 인류의 세대 중 MZ세대가 불안이 가장 강하니깐, 메타버스에서 무언가를 해보려고 하는 것이다. 스스로 참여하고 독립적인 가치관을 실현할 수 있도록 의사결정 과정에 이들의 자기주도적 성향을 반영할 기회를 제공할 필요가 있다.

(Point ●)

메타버스의 핵심은 나이, 성별, 직업을 가리지 않고 익명인 상태에서도 커뮤니케이션의 경계와 제약을 허물고 사람들의 이용 동기를 만족시키는 것이다. 특히 주 사용자인 MZ세대가 스스로 평가하고 참여하게 하여 미래 소비 시장을 선도적으로 공략하라.

참고 문헌

1. 특정 분야에 통달한 전문가 또는 스승을 일컫는다.

2. Don Peck, 〈They're Watching You at Work〉, Atlantic, 2013.11.20.

3. Monika Hamori, Burak Koyuncu, 〈The CEO Experience Trap〉, MIT Sloan Management Review, 2013.09.12

4. Luke Vandezande, 〈Fiat, Chrysler CEO Sergio Marchionne Interviewed on 60 Minutes〉, AutoGuide, 2012.03.26.

5. Shu Yamaguchi(김윤경 譯), 《뉴타입의시대》, 인플루엔셜, 2020.06.12

6. 우한재, 〈아주경제, 스스로 생을 마감한 해외 유명 정치인들〉, 《아주경제》, 2020.07.10.

7. 한상엽, 〈완벽주의의 함정〉, 《LG Business Insight》, 2011.07.04.

8. Tim Harford(윤영삼 譯), 《메시(messy)》, 위즈덤하우스, 2016.12.21.

9. Brad Stone, 《Amazon Unbound: Jeff Bezos and the Invention of a Global Empire》, Simon & Schuster, 2021.05.11., pp.56-58.

10. Ibid, p.117.

11. 안토니오 가르시아 마르티네즈(문수민 譯), 《카오스 멍키》, 비즈페이퍼, 2017.10.15.

12. 강혜진, 〈포스트 코로나시대, 다기능 팀 위주로 조직을 정비하라〉, 《조선일보》, 2020.07.14.

13. 정영철, 〈폐기학습(Unlearning)〉, 《LG주간경제》, 2004.08.18.

14. '추천 의향'이라는 단 하나의 문항으로 고객 로열티를 측정하는 방법이다. NPS는 추천 의향을 높임으로써 반복 구매 또는 추천을 일으키고, 이 두 가지를 통해 궁극적으로 기업의 성장을 달성하고자 한다. GE와 마이크로소프트 등 세계적 기업들이 NPS를 성과 지표로 도입하면서 산업계에 점차 확산되었다.

15. Alex Kantrowitz, 《Always Day One: How the Tech Titans Plan to Stay on Top Forever》, Random House USA Inc, 2020.05.28

16. Anand, Bharat, 《The Content Trap: A Strategist's Guide to Digital Change》, Random House, 2016.10.18.

17. Ranjay Gulati, Nitin Nohria, and Franz Wohlgezogen, 〈Roaring Out of Recession〉, 《Harvard Business Review》, 2020.03.

18. 미국 노동통계국, http://swiss.csail.mit.edu/~rauch/misc/worktime/ 참조.

19. 강승훈, 《이제부터 일하는 방식이 달라집니다》, 위즈덤하우스, 2020.06.15.

20. 田村 賢司,庄司 容子, 〈日本電産 真の働き方改革〉, 日経BP, 2018.03.30.

21. 전설리, 박종관, 〈실사도 없이 허겁지겁…'1964년生 남양유업' 3주 만에 팔렸다〉, 《한국경제》, 2021.05.28.

22. 핵심 성과 지표(KPI)를 달성하기 위한 핵심적인 활동(Actiivity), 계획(Project) 또는 실행과제를 말함.

23. 사일로 현상이란 회사 내부의 부서들이 다른 부서와 높은 칸막이를 형성하고 내부의 이익만을 추구
    하는 현상을 의미한다.

24. S. Scullen, M. Mount and M. Goff, 〈Understanding the latent structure of job performance
    ratings〉, 《The Journal of applied psychology》, 2001.01.

25. 高橋伸夫, 《虚妄の成果主義: 日本型年功制復活のススメ》, 日經BP出版センター, 2021.01.01.

26. Ram Charan, Dominic Barton, and Dennis, 〈HBR's 10 Must Reads on Reinventing HR〉, 《Harvard
    Business Review》, 2019.06.11.

27. Marshall Fisher, Vishal Gaur, and Herb Kleinberger, 〈Curing the Addiction to Growth〉, 《Harvard
    Business Review》, 2017.01.01.

28. 허문구, 〈성장은 결코 전략이 아니다〉, 《동아비즈니스리뷰》 164호, 2014.10.29

29. 최원석, 《왜 다시 도요타인가: 위기의 한국기업에 해법 내미는 도요타 제2창업 스토리》, 더퀘스트,
    2016.11.03.

30. 〈Sweden's Back-to-the-future banker〉, 《Financial Times》, 2013.01.14.

31. Niels Pflaeging, 〈Un-Leadership:직원을 경영의 대상으로 보지 마라〉, 《동아비즈니스리뷰》 110호,
    2012.07.26.

32. Reid Hoffman, Chris Yeh and Bill Gates, 《Blitzscaling: The Lightning-Fast Path to Building
    Massively Valuable Companies》, Currency, 2018.10.09.

33. 김혜진, 〈지금 바뀌지 않으면, 쿠팡에 희망은 없다〉, 오마이뉴스, 2021.06.22.

34. Donella Meadows, Jorgen Randers and Dennis Meadows, 《The Limits to Growth: The 30-Year
    Update》, Chelsea Green Publishing Company, 2004.06.01.

35. Brian J. Robertson, 《Holacracy: The New Management System for a Rapidly Changing World》,
    Holt, 2017.07.20.

36. EBS 〈공부 못하는 아이〉 제작팀, 《공부 못하는 아이》, 해냄출판사, 2019.08.28.

37. Paul P. Baard, Edward L. Deci, and Richard M. Ryan, 〈Intrinsic Need Satisfaction: A Motivational
    Basis of Performance and Well-Being in Two Work Settings〉, 《Journal of Applied Social
    Psychology》 2004, 34, 10, pp.2045-2068.

38. Tim Harford(윤영삼 譯), 《메시(messy)》, 위즈덤하우스, 2016.12.21.

39. V. Dion Hayes, 〈What Nurses Want〉, 《Washington Post》, 2008.09.13

40. Reed Hastings, Erin Meyer, 《No Rules Rules: Netflix and the Culture of Reinvention》, Penguin Press, 2020.09.08.

41. 박지원, 〈자율적인 기업문화 만들기〉, 《LG Business Insight》, 2009.07.15.

42. Morten T. Hansen, 《Great at Work: How Top Performers Do Less, Work Better, and Achieve More》, Simon & Schuster, 2018.01.09.

43. 김춘경, 이수연 외, 《상담학 사전》, 학지사, 2016.01.15.

44. 김민주, 《경제 법칙 101》, 위즈덤하우스, 2011.02.28.

45. John P. Trougakos, Ivona Hideg, Bonnie Hayden Cheng and Daniel J. Beal., 〈Lunch Breaks Unpacked: The Role of Autonomy as a Moderator of Recovery during Lunch〉, 《Academy of Management Journal》 Vol.57, No.2, 2013.03.25.

46. Ernest Hemingway, 《A Moveable Feast》, Jonathan Cape, 1964.1.1., p.18.

47. Jenny Stevens, 〈The friend effect: why the secret of health and happiness is surprisingly simple〉, 《The Guardian》, 2018.05.23.

48. Daniel Pink(이경남 譯), 《언제 할 것인가》, 알키, 2018.04.25

49. Bruce Daisley(김한슬기 譯), 《조이 오브 워크》, 인플루엔셜, 2020.03.05.

50. Tom Grill, 〈We're Not Taking Enough Lunch Breaks. Why That's Bad For Business〉, NPR, 2015.03.05.

51. 서광원, 《사장의 길》, 흐름출판, 2016.03.21

52. Gary P. Hamel(방영호 譯), 《지금 중요한 것은 무엇인가》, 알키, 2012.09.17.

53. R.H. Coase, 〈The Nature of the Firm〉, 《Economica》 Vol.4 Issue16, 1937.11.

54. 정신적 가용성(ental availability)은 뭔가를 구입할 때, 순간 그 브랜드가 생각나는 것을 말한다.

55. Al Ries and Jack Trout, 《The 22 Immutable Laws of Marketing: Exposed and Explained by the World's Two》, Harper Business, 2013.05.30. 부분 수정.

56. 永井孝尚, 《世界のエリートが學んでいるMBA必讀書50冊を1冊にまとめてみた》, KADOKAWA, 2019.04.24.

57. 김재영, 《독점의 조건》, 한스미디어, 2016.04.29.

58. 김동원, 장재웅, 〈힙합 세대의 취향까지 모두 소화, 120살 장수 비결은 '소통 마케팅'〉, 《동아비즈니스리뷰》 232호, 2017.08.30.

59. 梅澤伸嘉(이길연 譯), 《장기 넘버원 상품의 법칙》, 한국능률협회, 2003.05.19., pp.65-69.

60. R.H. Coase, 〈The Nature of the Firm〉, 《Economica》 Vol.4 Issue16, 1937.11.

61. S. Yang, 〈Sharing Talent: Future Knowledge, Experience, Utilization of Labor Resources〉, 《Future Horizon》 Vol.30, 2016., pp.28-31.

62. D.F. Cheng, 〈Reading between the Lines: Blueprints for a Worker Support Infrastructure in the

Peer Economy〉, Massachusetts Institute of Technology, 2014.07.07.

63. PriceWaterhouseCoopers, 〈Work-Life 3.0: Understanding How We'll Work Next〉, 2016.10.

64. Thomas Oppong, 《Working in the Gig Economy: How to Thrive and Succeed When You Choose to Work for Yourself》, Kogan Page, 2018.10.28.

65. S. Yang, 〈Sharing Talent: Future Knowledge, Experience, Utilization of Labor Resources〉, 《Future Horizon》 Vol.30, 2016., pp.28-31.

66. 홍석재, 〈40대 김상상 과장, '메타버스'로 출근해 보았습니다.〉, 《한겨레》, 2021.07.10.

67. 신동진, 〈'가상+부동산'이라 열풍?… '어스2' 한국인 자산 두 달새 두 배로〉, 《동아일보》, 2021.06.07.

68. 마이크로소프트, 〈마이크로소프트, 홀로렌즈2 국내 출시… '온택트 협업' 신세계 연다〉, 2020.11.02.

Rewrite Business Administration